NOUVEAU
VOYAGE A TUNIS.

Tous les exemplaires doivent être paraphés comme il suit :

NOUVEAU
VOYAGE A TUNIS,

PUBLIÉ EN 1811

PAR M. THOMAS MAGGILL,

ET TRADUIT DE L'ANGLAIS

Avec des Notes

PAR M. ****

PARIS,

C. L. F. PANCKOUCKE,

ÉDITEUR DU DICTIONNAIRE DES SCIENCES MÉDICALES,

Rue et Hôtel Serpente, n° 16.

1815.

IMPRIMERIE DE C. L. F. PANCKOUCKE.

PRÉFACE

DU TRADUCTEUR.

C'est un usage si général parmi les auteurs de détailler au public, qui ne s'en met guère en peine, les raisons pour lesquelles ils se sont déterminés à mettre leurs ouvrages au jour, que je crois pouvoir faire aussi connaître celles qui m'ont engagé à publier cette traduction.

La première est la disette d'ouvrages modernes sur la Barbarie, du moins dans notre langue; la seconde est l'insatiable curiosité qui n'a cessé de me poursuivre depuis mon retour de ces contrées, et qui m'a fait présumer que mes amis et le nombre prodigieux des lecteurs de voyages accueilleraient avec intérêt une relation, à la vérité très-sommaire, mais qui ne manque pas d'exactitude (1); la troisième, c'est qu'ayant le projet de m'occuper dans peu de la traduction d'un ouvrage plus étendu et d'une plus grande importance, j'ai jugé convenable de m'essayer dans le métier de traducteur, qui est tout nouveau pour moi. Ce n'est pas sans raison que je me défie de mes forces : dix ans de résidence hors de France ; l'étude et la pratique habituelle d'une foule d'idiomes ; un commerce continuel avec des étrangers, qui m'insinuaient, sans que je pusse m'en défendre, l'usage de locutions vicieuses dans ma propre

---

(1) M. le comte de Choiseul Gouffier, qui, dans le cours d'une longue et brillante ambassade à la Porte-Ottomane, a eu de fréquentes occasions de traiter avec les puissances barbaresques, a bien voulu prendre lecture de cet ouvrage avant qu'il fût livré à l'impression, et me faire témoigner qu'il l'avait jugé rempli de détails instructifs, intéressans et propres à donner une idée juste du pays qui y est décrit.

Au reste, il est, depuis quelque tems, si souvent question des régences barbaresques dans tous les Journaux de l'Europe, que je ne pouvais choisir un moment plus favorable pour publier cette relation.

langue; tout cela m'a fait redouter l'épreuve difficile de la presse. Au reste, l'écrit dont j'offre ici la traduction, n'est point une production littéraire : c'est l'ouvrage d'un négociant qui, probablement, ne se piquait point d'élégance. Je me soumets d'avance à une critique semblable, si, comme je le crains, le public juge que je l'ai moi-même encourue.

J'ai cru devoir relever plusieurs inexactitudes que l'original présentait, et donner quelques explications qui manquaient au texte; il n'eût tenu qu'à moi de multiplier à l'infini les notes que j'ai ajoutées à l'ouvrage, et il m'eût suffi pour cela de tirer de mon propre fond; mais j'ai usé de sobriété pour ne pas donner une relation trop différente de celle que j'entreprenais de traduire, et aussi pour des motifs d'une autre espèce, que je passerai sous silence aussi long-tems que je ne serai pas contraint de les révéler.

M. Maggill, n'écoutant que ses préventions nationales, s'est permis plusieurs diatribes contre le consul-général de France à

Tunis, et contre quelques autres personnes qui n'ont pas trouvé grâce à ses yeux. J'ai supprimé ces déclamations indécentes, non que je n'aie cru M. le chevalier Devoize fort en état d'y répondre, mais par un effet de ma répugnance à transcrire des personnalités qui ne peuvent être l'ouvrage que de la haine et des préjugés nationaux. J'ai indiqué ces retranchemens en leur lieu; ils ne laissent point de lacune dans la relation, et ne lui ôtent rien de son intérêt, à moins que des injures grossières ne puissent être un aliment pour la curiosité.

J'ai veillé scrupuleusement à l'orthographe des mots arabes et turcs, presque toujours défigurés dans nos relations, surtout dans les traductions d'ouvrages étrangers : chaque nation donnant aux lettres de son alphabet une valeur de convention, on ne peut transporter d'un idiome à un autre les mots tirés des langues orientales, sans les rendre tout-à-fait méconnaissables. Les Anglais écrivent avec raison *shawl, vizier, pasha*, les mots qu'on doit écrire en français *châle, vizir, pacha*, sous peine de causer une confusion qui finit par obtenir prescription. Par exemple, un usage très-vicieux veut qu'on écrive *Bey* et *Dey* dans toutes les langues de l'Europe, aussi bien qu'en français, tandis que la véritable prononciation exigerait que nous écrivissions *Beï* et *Deï*. L'*y* au lieu de l'*ï* n'est bon ici que pour les Allemands, les Espagnols et les Portugais ; mais cette orthographe est ridicule pour les Français, les Anglais et les Italiens ; chez ces derniers, parce que leur alphabet n'a point d'*y* ; chez les Anglais, parce que, sauf un très-petit nombre d'exceptions, *ey* n'est susceptible de former qu'un seul son et non une diphthongue ; chez les Français, parce qu'indépendamment du même motif, il n'y a pas un seul mot dans la langue qui se termine par un *y*, si l'on en excepte les noms propres d'hommes, de villes et de pays. Il est donc inutile d'adopter une manière d'écrire étrangère à la langue, lorsqu'elle n'exprime pas les sons qu'elle est destinée à représenter. Le désir de voir réformer cette orthographe vicieuse dans nos dictionnaires m'a

PRÉFACE DU TRADUCTEUR.

entraîné dans cette discussion, peut-être un peu longue.

Beï signifie prince; à la rigueur, on devrait écrire *Bèk* ou *Bèg*, à l'exemple de M. de Volney; mais l'usage même du pays tolère l'emploi du mot *Beï*.

A l'égard de *Deï* ou *Daï*, ce mot signifie en turc *oncle maternel*. Cette dénomination, il est vrai, ne représente guère l'idée qu'on attache à la souveraineté; mais voici comment l'explique M. le chevalier d'Arvieux dans ses Mémoires (1) : le Grand-Seigneur est le *père* de la république et du *Deï*; les soldats sont *enfans* de la république, et par là le *Deï* se trouve leur *oncle*. Cette étymologie n'est pas plus ridicule qu'une autre, quoiqu'elle me paraisse venir d'un peu loin. Au reste, le nom de *Deï* est inusité à Alger : on n'y emploie guère que le mot *Pacha*, qui signifie à peu près Vice-Roi, et qui exprime la dépendance où se trouve le chef de ce

---

(1) *Tome 5, page* 259.

gouvernement à l'égard de la Porte (1). Il est à remarquer que le *Deï* d'Alger n'avait originairement que le rang de *Pacha* à deux queues; ce n'est que depuis la dernière expédition que les Espagnols entreprirent contre Alger en 1784, et qui eut un succès si malheureux, que le Grand-Seigneur a conféré au *Deï* qui régnait alors (*Baba Mahmed*) le titre de *Pacha* à trois queues; le *Deï* porte en outre ceux de *Beglerbeg* (prince des princes), et de *Séraskier* (généralissime) de Barbarie.

---

(1) Les Maures se servent aussi du mot *Ouâli*, qui signifie gouverneur. Je l'ai même vu figurer dans des traités rédigés en langue turque.

PRÉFACE

DE L'AUTEUR ANGLAIS.

Au moment où le fléau de l'Europe s'efforce, par tous les moyens, de ruiner le commerce de la Grande-Bretagne, je pense qu'il est du devoir des sujets de Sa Majesté de publier tout ce qui peut contribuer à le maintenir dans sa splendeur, et à augmenter notre influence politique. Guidé par ce motif, j'ai travaillé à recueillir, sur le commerce et le gouvernement de Tunis, les observations que je présente au public.

Mon voyage de Malte en Barbarie n'avait pas un but de simple curiosité : il avait pour objet des intérêts commerciaux ; mais mon séjour s'étant prolongé fort au-delà du tems que je m'étais proposé, j'ai cru ne pouvoir occuper plus utilement mes loisirs qu'à rassembler toutes les observations que les circonstances et ma position particulière ont pu me mettre à portée de faire. Les consuls européens et les personnages les plus considérables du pays m'ont fourni les matériaux de cet ouvrage quant à la politique et au gouvernement; je tiens des négocians ceux qui ont pour objet le commerce.

Les motifs que je viens d'exposer me dispensent de toute autre apologie : mon premier vœu est d'être utile à mon pays; et, si j'ai pu y réussir, je n'ambitionne pas d'autre gloire.

TABLE

DES MATIÈRES.

PRÉFACE DU TRADUCTEUR. *Page* v

PRÉFACE DE L'AUTEUR ANGLAIS. xiij

CHAPITRE PREMIER. *Des révolutions qui se sont succédées à Tunis depuis que les Beïs se sont emparés du gouvernement.* 1

CHAP. II. *Caractère de Hamouda-Pacha, Beï régnant de Tunis.* 13

CHAP. III. *Des parens du Beï qui résident auprès de lui, et des hommes influens qui composent sa cour.* 23

CHAP. IV. *Caractère des Maures.* 31

CHAP. V. *De l'armée du Beï de Tunis, et de la conduite qu'elle a tenue dans les dernières rencontres avec celle d'Alger.* 36

CHAP. VI. *Population de l'état de Tunis.* 47

CHAP. VII. *Situation de la ville de Tunis ; description de son port, de ses fortifications ; nature du sol, du climat, etc.* 55

CHAP. VIII. *Antiquités du royaume de Tunis.* 72

CHAP. IX. *Des esclaves chrétiens à Tunis, et des nations auxquelles ils appartiennent. — Échanges et rançons. — Un grand nombre de captifs pris sous les couleurs anglaises.* 77

CHAP. X. *Des revenus de la régence de Tunis ; sources dont ils proviennent.* 87

Chap. XI. Sur quelques coutumes des Maures à Tunis. 90

Chap. XII. Quelle nation est la plus influente à la cour de Hamouda-Pacha, Bei de Tunis. 103

Chap. XIII. Raisons qui devraient engager les puissances européennes à revêtir leurs consuls en Barbarie d'un titre plus imposant. Pourquoi aussi la faculté de commercer devrait être interdite à ces agens 112

Chap. XIV. Tarif des droits qui se perçoivent à Tunis sur les marchandises introduites par les négocians anglais. 126

Chap. XV. Causes du déclin du commerce dans les états de Barbarie, particulièrement de celui de Tunis. 133

Chap. XVI. Des poids, mesures et monnaies de Tunis, évalués entre eux et comparés avec ceux des autres pays. 144

Chap. XVII. Des exportations du royaume de Tunis. 150

Chap. XVIII. Des caravanes que Tunis reçoit, et de celles qui en partent. 165

Chap. XIX. Des principales manufactures du royaume de Tunis, particulièrement de celles de bonnets ou calottes, étoffes de laine et maroquins. 169

Chap. XX. Des monopoles de la régence de Tunis. 177

Chap. XXI. Des importations qui se font à Tunis. 181

Post scriptum. 203

NOUVEAU VOYAGE A TUNIS.

CHAPITRE PREMIER.

Des révolutions qui se sont succédées à Tunis depuis que les Beïs se sont emparés du gouvernement.

L'IMPOSSIBILITÉ de recueillir des faits certains dans un pays aussi orageux et sous un gouvernement aussi précaire que l'a été celui de Tunis, ne permet guère d'en tracer une histoire fidèle en remontant fort au-delà d'un siècle et demi (1).

---

(1) Il existe un ouvrage français peu connu, intitulé : *Mémoires historiques qui concernent l'ancien et le nouveau royaume de Tunis*, etc. par M. de Saint-Gervais, ancien consul de France à Tunis, Paris 1736. L'auteur anglais aurait pu y puiser des détails, probablement exacts, sur les révolutions dont Tunis a été le théâtre

Il y a environ cent soixante-dix ans que les Beïs usurpèrent à Tunis le pouvoir suprême.

---

depuis 1574. Ces *Mémoires*, d'ailleurs mal écrits et rédigés sans méthode, paraissent mériter une entière confiance, étant l'ouvrage d'un agent recommandable, que sa place mettait à même de se procurer des renseignemens exacts : en sa qualité de consul, il a pu les puiser dans les archives du consulat et de la chancellerie, qui sont les meilleures sources quant à la partie historique moderne. Il est probable que M. Maggill n'a pas eu connaissance de cet ouvrage ; autrement on peut présumer qu'il en eût extrait les matériaux qui paraissent lui avoir manqué. Le compilateur anonyme de l'*Histoire des États Barbaresques*, Paris 1757, n'a fait nulle difficulté de mettre à contribution l'ouvrage de M. de Saint-Gervais, en prenant seulement la peine de le refondre ; il a poussé plus loin l'effronterie : il a reproduit en entier, et sous la même forme, l'*Histoire du Royaume d'Alger*, par *Laugier de Tassy* (citée plusieurs fois par Montesquieu), sans prendre, pour déguiser ce plagiat, d'autre précaution que d'en refaire le style, qui n'y a rien gagné ; et c'est ainsi qu'il a composé la totalité de son prétendu ouvrage, qu'il annonce comme traduit de l'anglais. Il se peut qu'en effet ce recueil soit une traduction, et, dans ce cas, le reproche tomberait sur le compilateur anglais, qui n'a point indiqué l'ouvrage original. Si j'eusse cru nécessaire de suppléer au silence de M. Maggill, j'aurais pu puiser à la source que je viens d'indiquer, mais je me serais bien gardé de la taire. Je me contente de renvoyer mes lecteurs aux *Mémoires historiques de M. de Saint-Gervais*

Depuis cette époque, le gouvernement a éprouvé diverses révolutions, et a passé plus d'une fois dans les mains des Deïs. Ce n'est que depuis la fuite du Deï *Mahmet Tchélébi*, détrôné par les frères *Mahmet* et *Ali-Beï*, que le gouvernement des Beïs a commencé à prendre une forme stable. Ce furent ces deux frères qui en firent une souveraineté héréditaire.

Mahmet-Beï fut le premier qui jouit de l'autorité souveraine sous cette nouvelle forme, mais son règne ne fut pas de longue durée. Le Deï d'Alger, à la tête d'une puissante armée, marcha contre lui au mois de septembre 1689, assiégea Tunis, et obligea *Mahmet* à abandonner sa capitale; le vainqueur, s'en étant rendu maître, plaça sur le trône de Tunis *Akhmet-Bèn-Chouk*.

Cependant *Mahmet-Beï*, ayant su attirer à son parti les Arabes de la frontière, chez lesquels il s'était réfugié, s'avança contre *Akhmet-Bèn-Chouk*, remporta sur lui divers avantages, et mit à son tour le siége devant la capitale, dont il s'empara peu de tems après. *Akhmet* prit la fuite, et se retira à Alger.

---

c'est bien assez de la stérile tâche de traducteur, sans y joindre encore celle de copiste.

(*Note du Traducteur.*)

Mahmet-Beï, s'etant replacé sur le trône en juillet 1695, rétablit son autorité, et la maintint jusqu'à sa mort.

Il eut pour successeur son frère *Ramadàn-Beï*. Celui-ci jouit, pendant quelque tems, d'un règne paisible et tranquille; mais son penchant à la douceur n'étant nullement adapté aux mœurs du pays ni aux circonstances, fut à la fin la cause de sa perte. *Mourad-Beï*, son neveu, fils d'*Ali*, impatient de monter sur un trône qui lui appartenait par droit d'hérédité, profita de la faiblesse de *Ramadàn*, s'assura d'un parti, le fit prisonnier, et le mit à mort.

Le règne de *Mourad-Beï*, qui ne fut qu'un tissu de crimes et de cruautés, dura trop long-tems pour le bonheur du pays. Enfin ce prince fut assassiné par *Ibrahim-Chérif*. La branche de *Mahmet-Beï* se trouvant éteinte par la mort de *Mourad*, *Ibrahim* se fit, sans opposition, proclamer Beï par le divan et la milice.

Ibrahim, ayant été fait prisonnier dans une bataille qu'il livra aux Algériens, l'armée choisit en sa place *Hassàn-Bèn-Ali*, fils d'un Corse renégat, qui avait été esclave. En lui commença une nouvelle dynastie. Il régna sans beaucoup de troubles, guidé par son habileté, et soutenu par les suffrages de ses sujets.

Le nouveau Beï sentait pourtant que sa sûreté

serait menacée tant que son rival *Ibrahim* serait vivant. Cette crainte lui inspira l'idée de chercher à l'attirer dans ses états par l'appât d'un faux espoir; il y réussit en publiant qu'il ne gardait qu'à titre de dépôt l'autorité souveraine, et qu'il n'attendait que l'arrivée d'*Ibrahim* pour s'en démettre en sa faveur. Celui-ci, trompé par une démonstration qui flattait son ambition, ne tarda pas à se rendre à *Bèn-Zert* (Bizerte), où *Hassàn* le fit arrêter et mettre à mort au mois de janvier 1706.

Hassàn dès-lors commença à jouir d'un règne calme et paisible. Rien ne manquait à son bonheur qu'un héritier de son trône; car il n'avait pu l'obtenir encore, malgré le grand nombre de femmes qui peuplaient son *harem*. Il se détermina donc à désigner pour son successeur son neveu *Ali-Beï*, auquel il avait, depuis quelque tems, confié le commandement de ses troupes.

Les choses étaient ainsi réglées, lorsqu'une jeune Génoise, amenée captive par un corsaire du Beï, lui fut présentée; elle lui plut, et en peu de tems devint grosse. *Hassàn*, s'étant assuré de son état, assembla le divan pour annoncer cette heureuse nouvelle. Ensuite il posa la question de savoir si l'état consentirait à admettre pour héritier du trône l'enfant qui allait naître, au cas qu'il fût mâle; il avoua, en même tems, que toutes ses sollicitations n'avaient pu, jusqu'à ce jour, convertir la mère à la foi musulmane. Le divan déclara d'abord que le fils d'une esclave chrétienne ne pouvait prétendre à régner; cependant *Hassàn* parvint à gagner les membres de cette assemblée. La jeune esclave mit au monde un fils, qui reçut le nom de *Mahmet-Beï*, et qui fut bientôt suivi de deux autres, *Mahmoud-Beï* et *Ali-Beï*.

Hassàn, devenu père de trois héritiers, fit dire à son neveu *Ali* que, le ciel ayant permis ce grand changement dans ses affaires domestiques, il ne pouvait plus le regarder comme son successeur, mais que l'amitié qu'il lui portait serait toujours la même. A cette assurance il voulut joindre une preuve de son affection pour son neveu, en lui faisant conférer, par le divan de Constantinople, le titre de Pacha de Tunis, dignité alors très-considérable.

Le jeune prince feignit de se soumettre à la volonté de son oncle, et d'être satisfait de l'honneur qu'il tenait de lui. En conséquence, il prit le nom d'*Ali-Pacha*; mais il ne faisait que cacher, sous le voile de l'obéissance, le noir dessein qu'il avait formé. Son ambition frustrée ne pouvait s'accoutumer à voir passer en d'autres mains un sceptre qu'il avait si long-tems regardé comme devant lui appartenir; enfin, ne pouvant plus supporter une idée qui humiliait son orgueil, il s'enfuit dans les montagnes des *Osselites*, où il avait secrètement travaillé à se former un parti puissant, et revint bientôt, à la tête des troupes qu'il avait rassemblées, attaquer son oncle et son bienfaiteur.

Hassàn, informé de la trahison et de l'ingratitude de son neveu, assembla son armée, livra bataille au rebelle, le mit en fuite, et l'obligea à chercher un asyle sur les terres d'Alger.

Pendant sa retraite, *Ali-Pacha* s'appliqua à gagner les bonnes grâces du divan d'Alger par toutes sortes de promesses. Il y réussit, en obtint les secours dont il avait besoin, et marcha de nouveau contre son oncle. Celui-ci, d'abord obligé de quitter sa capitale, perdit bientôt après une grande bataille, et alla chercher un refuge dans les montagnes de *Kéraouàn*. Ceci se passait en 1735.

La famine ne tarda pas à succéder à la guerre. Le Beï fugitif, contraint d'abandonner sa retraite par le manque de subsistances, alla s'établir à *Soùssa*, port situé dans la partie orientale du royaume. Là, un capitaine marchand français, nommé Barillon, séduit par la promesse d'une brillante récompense si la fortune de *Hassàn* venait à changer, pourvut à tous ses besoins et à ceux de sa suite. Mais ce prince infortuné, voyant chaque jour ses affaires plus désespérées, prit le parti d'envoyer sa famille à Alger, asyle ordinaire des Beïs détrônés, et où il comptait passer lui-même bientôt après; il fut découvert dans sa fuite par *Yoúnas-Beï*, fils d'*Ali-Pacha*, qui lui coupa la tête de sa propre main.

Ali-Pacha, ainsi débarrassé de son plus dangereux ennemi, se flattait de régner paisiblement; mais son espoir fut déçu, et sa tranquillité ne tarda pas à être troublée par des dissensions de famille.

Il avait trois fils, dont le second, appelé *Mahmed*, jouissait de toute sa prédilection. Le jeune prince conçut le dessein de s'emparer de l'autorité au détriment de *Yoúnas* son aîné. En conséquence, il travailla à détruire l'affection qu'*Ali* lui portait, et y réussit au point d'obtenir que *Yoúnas* fût arrêté, sous prétexte d'avoir conspiré contre son père. *Yoúnas*, qui se tenait sur ses gardes, s'enfuit à la *Kázba*, c'est ainsi qu'on nomme la forteresse ou citadelle de Tunis; mais les troupes d'*Ali* étant venues l'y investir, il s'échappa, et courut se réfugier à Alger.

Mahmed, peu satisfait de la ruine de son aîné, voyait encore avec inquiétude son plus jeune frère placé si près du trône. Il l'empoisonna. Le divan alors proclama *Mahmed* héritier présomptif. Ce prince, dès ce moment, commença à se flatter de pouvoir jouir en paix du fruit de ses crimes; mais les choses eurent bientôt changé de face.

Alger venait d'éprouver une de ces révolutions si fréquentes dans les pays soumis au gouvernement militaire. Un nouveau Deï venait d'être élu, et le choix était tombé sur *Baba-Ali* (1), qui avait été précédemment envoyé en ambassade à Tunis. L'orgueilleux *Younas* lui avait fait subir un affront qu'il n'avait pas oublié, et il saisit, avec empressement, l'occasion de s'en venger sur ce prince fugitif, réduit à implorer sa protection. Loin d'accueillir ses instances, il résolut d'épouser la querelle des enfans de *Hassàn-Bèn-Ali*. Une armée algérienne fut donc envoyée, en 1753, sous le commandement du beï de Constantine, pour rétablir cette famille sur le trône, dont l'injustice et la violence l'avaient fait descendre. Le succès couronna l'entreprise de *Baba-Ali*. Les fils de *Hassàn* s'emparèrent de Tunis, se saisirent d'*Ali-Pacha*, et le firent étrangler sur-le-champ. L'aîné de ces princes fut

―――――――――

(1) Je ne sais pourquoi l'auteur anglais donne à ce Deï le nom d'*Ali-Cheavreaux* : il n'a jamais été connu à Alger que sous le nom d'*Ali*, auquel on ajoute communément celui de *Baba* (père) comme à celui de tous les Deïs, ou, pour mieux dire, de tout homme déjà avancé

proclamé Beï avec toutes les formalités accoutumées, et reçut les hommages sous le nom de *Mahmed-Beï.*

Mahmed était un jeune prince d'un caractère doux et facile ; malheureusement il mourut après deux ans et demi de règne, laissant, pour lui succéder, deux fils en bas âge, *Mahmoud* et *Ismaïl-Beï.*

Ali-Beï, frère de *Mahmed*, monta sur le trône, sous promesse de le remettre à l'aîné de ses neveux dès qu'il serait en âge de prendre les rênes du gouvernement. Mais la soif de régner, et le désir de perpétuer le sceptre dans sa descendance, lui inspirèrent le dessein de violer ses promesses. Loin donc de les accomplir, il mit tout en usage pour placer ses neveux à l'ombre, et pour mettre en évidence son propre fils *Hamouda.* Il donna à celui-ci le commandement de ses troupes, et obtint pour lui, de la Porte

---

en âge, qu'il ait ou non des enfans. Il se peut que ce prince ait eu un second nom à peu près semblable à celui qu'on lui donne ici ; mais notre auteur, à en juger par l'orthographe qu'il emploie, l'aura mutilé de manière à le rendre tout à fait méconnaissable, et, comme j'ai perdu les notes qui m'auraient aidé à le rétablir, j'ai préféré le supprimer dans le texte.

(*Note du Traducteur.*)

Ottomane, le titre de Pacha, secondé par les démarches des ambassadeurs chrétiens, qu'il avait su mettre dans ses intérêts.

Ce fut ainsi qu'*Ali* parvint à assurer à son fils le respect et les suffrages du peuple, et le jeune *Hamoûda* réussit tellement à se rendre maître de l'esprit de ses cousins mêmes, qu'à la mort de son père, arrivée en 1782, ils furent les premiers à lui rendre hommage comme nouveau Beï, et résignèrent d'eux-mêmes toute prétention au trône.

Sous aucun règne précédent l'état n'avait joui d'une tranquillité plus parfaite que sous celui d'*Ali*, et, depuis ce prince, elle n'a plus été troublée par aucune espèce de révolution. Ceux qui pourraient être aujourd'hui intéressés à la subversion du gouvernement ont trop à se louer de leur sort sous l'autorité de *Hamoûda* pour vouloir s'engager dans des entreprises hasardeuses et incertaines. On connaîtra, par le portrait que je fais de ce prince dans le chapitre suivant, la pénétration de son esprit et la fermeté de son caractère.

Le souvenir des malheurs passés, et le spectacle des troubles continuels d'Alger, causés par l'esprit remuant et inquiet de la milice, a ouvert les yeux au gouvernement de Tunis sur la nécessité d'enlever aux Turcs toute influence dans les affaires. Le Beï actuel s'est appliqué à les en éloigner par degrés. Du tems de son père, et dans les com.nencemens de son propre règne, les Turcs étaient les maîtres de tout; *Hamoúda* leur a substitué peu à peu des hommes plus dévoués à ses intérêts, choisis parmi ses Géorgiens et autres classes d'individus qui jouissent de sa confiance. Aujourd'hui Tunis ne peut plus être considéré comme soumis à un gouvernement turc.

CHAPITRE II.

Caractère de Hamoûda-Pacha, *Beï régnant de Tunis.*

Hamouda-Pacha, aujourd'hui Beï, était fils aîné d'*Ali-Beï*, qui avait eu, outre celui-ci, deux fils et cinq filles. *Hamoûda* est né vers 1752, et il est monté sur le trône en 1782, époque de la mort de son père. C'est un bel homme, et sa physionomie porte le caractère de la finesse & de la pénétration. Il a beaucoup d'esprit naturel, et, si l'on considère l'éducation bornée qu'il a reçue, on sera forcé de reconnaître en lui un jugement assez éclairé; il parle, lit et écrit l'arabe et le turc; il s'exprime aussi avec facilité en *langue franque*, espèce d'italien en usage dans le pays (1).

Une longue pratique et beaucoup de sagacité naturelle ont donné à *Hamoûda* une facilité surprenante à démêler ceux qui l'approchent; sa

---

(1) Il avait essayé d'apprendre à lire et à écrire le Toscan; mais les chefs de la loi l'ont comme forcé à abandonner cette étude, indigne, disaient-ils, d'un prince musulman.

(*Note du Traducteur.*)

manière de raisonner est courte et pressante ; il saisit habilement le point de la question, et juge avec autant de précision que de sagesse. L'art de dissimuler lui est familier ; il sait en user habilement, et, lorsque l'occasion le demande, il joue son rôle en comédien consommé.

Dans l'art de gouverner, on ne peut dire qu'il possède à un degré éminent les qualités propres aux grands hommes d'état en Europe, et il ne paraît pas doué de ces grandes et nobles idées qui décèlent un esprit supérieur. Par exemple, il n'a pas voulu renoncer à la misérable politique des cours de l'Orient, et l'on doit conséquemment le considérer comme un souverain purement barbaresque, étranger aux principes qui gouvernent les nations éclairées ; mais, si l'on veut le juger sans s'arrêter au parallèle, on ne peut lui refuser une grande habileté. Il tient d'une main ferme les rênes du gouvernement, et sait contenir, par sa prudence, les intrigues et les troubles civils qui pourraient mettre l'état en danger.

Tunis n'a jamais été dans une situation plus florissante et plus avantageuse qu'aujourd'hui ; jamais les sujets du Beï n'ont joui de plus d'indépendance ni d'une sécurité plus parfaite à l'égard des ennemis du dehors. Les troupes de *Hamouda*, sur le pied actuel, sont mieux payées qu'elles ne l'ont été sous aucun de ses prédécesseurs; et, quoiqu'on doive les considérer plutôt comme une bande de pillards que comme une armée régulière, elles suffisent pour tenir en respect les Algériens, leurs ennemis, qui assurément ne valent pas mieux que leurs voisins.

Depuis que *Hamoûda* est en possession du trône, il n'a été formé contre lui aucune entreprise redoutable (1) pour lui arracher le sceptre; il vit sur le pied le plus amical avec ses cousins, qui sont ses héritiers naturels, de même qu'avec son frère et ses neveux. Un fils de *Yoûnas-Beï*, qui s'était réfugié à Alger, avait témoigné le désir de résider à la cour de Tunis, et même était venu débarquer à Bizerte. Le Beï envoya aussitôt à sa rencontre une garde d'honneur, l'habilla magnifiquement, et lui donna un appartement au *Bardo* (2). Le nouvel hôte habita ce château plusieurs années, pendant lesquelles les Algériens, ennemis naturels de Tunis, tra-

---

(1) On verra plus loin cependant le danger personnel qu'il a couru dans une occasion.

(*Note du Traducteur.*)

(1) Nom de la résidence du Beï; ce palais est situé à trois lieues de Tunis, dont il est comme le Versailles. Le Beï vient peu ou point à Tunis.

(*Note du Traducteur.*)

vaillèrent à le séduire. On découvrit une correspondance qui ne laissait aucun doute sur sa trahison et les complots qu'il méditait : il fut étranglé.

Le frère du Beï, qui habite constamment le *Bardo*, vit avec lui dans la plus parfaite intelligence. Les neveux de *Hamoúda* résident également auprès de lui avec leurs femmes et leurs enfans. Ils l'accompagnent quand il sort à cheval, et prennent part à tous ses plaisirs; mais cette conduite du Beï est plutôt l'ouvrage de sa politique que l'effet de sa confiance; car, comme les révoltes sont toujours à craindre dans ce pays, ce prince juge prudent d'avoir ses parens continuellement sous ses yeux; aussi ne peuvent-ils sortir du palais sans sa permission.

Hamoúda n'a point d'enfans : tous ceux qu'il avait eus sont morts en bas âge. On ignore encore quel est celui de ses neveux qu'il choisira pour lui succéder. Il en a quatre, dont deux du côté de son frère, et deux de celui de sa sœur; tous sont à peu près du même âge, et, quoique aucun d'eux n'ait atteint sa majorité, ils sont tous mariés, et ont des enfans. L'opinion désigne généralement l'aîné des fils du frère du Beï comme devant un jour occuper le trône. C'est un jeune homme d'un naturel assez doux, mais qui n'a pas jusqu'ici manifesté un esprit supérieur. Aucun des trois autres jeunes princes paraît n'avoir, à beaucoup près, la prudence du plus âgé, et tous quatre ensemble sont bien éloignés d'avoir l'habileté de leur oncle.

Hamoûda a plusieurs femmes, mais il passe peu de tems dans leur société. Une jeune esclave lui fut amenée il y a quelques années; elle n'avait que huit ans. Le Beï, frappé de sa beauté et de son intelligence, déclara le dessein qu'il avait formé de l'épouser dès qu'elle serait en âge, et l'envoya avec sa mère chez un de ses renégats favoris, homme d'esprit, avec ordre de l'élever soigneusement; mais la fièvre maligne, qui fit d'affreux ravages peu de tems après, atteignit la jeune esclave, qui en mourut. Le Beï fut vivement touché de cette perte, et depuis il n'a plus montré de penchant à l'amour. Il s'en dédommage, dit-on, d'une manière qui n'est que trop familière aux Orientaux.

Dans sa jeunesse, *Hamoûda*, avait pour le moins autant de penchant au culte de Bacchus que de zèle pour les préceptes de Mahomet : il buvait avec excès, et son palais ressemblait plutôt à celui d'un prince du Nord qu'à la cour d'un souverain d'Orient. Ses esclaves, que leur religion ne contraignait pas sur ce point, flattaient son goût favori, et avaient fini par devenir ses compagnons de débauche. Dans leur ivresse, ils se portaient par fois à tous les excès. Mais un accident arrivé pendant une de leurs orgies, environ dix ans après l'avénement de *Hamoûda*, produisit une heureuse révolution dans la conduite de ce prince.

Une nuit, tandis qu'il buvait avec ses esclaves, il entendit un grand bruit dans la cour de son palais. Comme il voulut en savoir la cause, on lui dit que c'étaient quelques Algériens qui s'enivraient de leur côté. *Hamoûda*, irrité de cette irrévérence, appela son premier ministre, *Mustafa*, et lui ordonna de les faire étrangler sur-le-champ. Le prudent ministre, qui a laissé une grande réputation à Tunis, reçut l'ordre sans répliquer; mais, au lieu de l'exécuter, il se contenta d'envoyer les délinquans en prison. Le lendemain, après que les fumées du vin furent dissipées, le Beï voulut savoir ce qu'étaient devenus les Algériens; le ministre lui rappela l'ordre de la veille. *Hamoûda*, hors de lui, demanda à *Mustafa* s'il lui avait obéi; celui-ci se hâta de rassurer son maître, qui lui en témoigna sa reconnaissance. Depuis lors, ce prince a renoncé pour jamais au vin et aux liqueurs fortes.

L'avarice de *Hamoûda* et ses fausses maximes sur l'art de gouverner le portent, il faut l'avouer, à opprimer ses sujets; et le système qu'il a adopté de faire le commerce pour son propre compte, empêche les particuliers de se livrer à leurs spéculations avec toute l'activité qu'ils y apporteraient s'ils n'avaient à soutenir une concurrence aussi redoutable.

Partout où son intérêt peut se trouver mêlé, le Beï ne manque jamais de juger les matières contentieuses à son avantage; mais, lorsqu'il s'agit d'affaires auxquelles il est étranger, il décide avec sagesse et rectitude.

Autrefois les gouverneurs opprimaient le peuple avec impunité; aujourd'hui le paysan même jouit d'un libre accès auprès du prince, et reçoit satisfaction s'il a droit d'y prétendre.

Jadis tous les emplois étaient entre les mains des Turcs. *Hamoúda* a adopté des maximes différentes; il ne décerne d'autorité à nul d'entre eux, et gouverne entièrement par lui-même; il punit ou récompense depuis le plus petit jusqu'au plus grand. Les hommes qui jouissent de sa confiance sont tous des renégats ou des esclaves; mais, avec toute l'apparence du pouvoir, on peut dire que leur influence se borne à peu de chose.

Depuis l'avénement de *Hamoúda-Pacha* au trône, on a vu à Tunis moins de conspirations qu'autrefois; la plus sérieuse est celle qui éclata il y a environ seize ans (1), et qui faillit à lui

---

(1) Ceci est écrit en 811.

coûter la vie. Trois jeunes Géorgiens, esclaves du Beï, auxquels le *Saba-taba* (1), ou premier ministre, avait fait éprouver un traitement cruel et ignominieux, résolurent de s'en venger en assassinant leur maître. Ils espéraient, au cas que leur entreprise réussît, faire tomber le soupçon sur le ministre, qui gardait la personne du Beï, et qui était l'auteur de leur disgrâce.

Pendant la nuit, les trois conjurés pénétrèrent dans la chambre du Beï, qui était endormi, mais qui s'éveilla à leur approche. Leur dessein était de l'égorger sans bruit dans son lit, et de se retirer ensuite. *Hamoûda* sut se préserver en exposant ses mains à l'arme tranchante qui menaçait sa vie, et il eut le tems d'appeler du secours. Le ministre, qui couchait dans la chambre voisine, accourut et le sauva. Cependant ce ne fut pas sans être atteint lui-même d'une balle et d'un coup de poignard qui le blessèrent grièvement, mais non pas mortellement. D'autres esclaves, éveillés par le bruit, se hâtèrent de venir au secours de leur maître. Un d'eux, nommé *Suleïmàn-Kiahia*, arrêta dans sa fuite un des trois assassins, et le fendit d'un coup de sabre. Les deux autres Géorgiens se réfugièrent dans une

---

(1) Littéralement, *garde des sceaux*.

chambre de l'étage supérieur, s'y barricadèrent, et rejetèrent les promesses qui leur furent faites au cas qu'ils consentissent à se rendre, connaissant trop bien la politique orientale pour se fier à de semblables assurances, et sachant, à n'en pas douter, le sort qui les attendait. Vers le point du jour, deux coups de pistolet se firent entendre; on enfonça la porte de la chambre où les deux jeunes gens s'étaient r███s, et on les trouva étendus sur le plancher. Ils paraissaient s'être tués l'un l'autre. Le plus âgé des trois n'avait pas seize ans (1).

On dit que le Beï se conduisit avec beaucoup de courage et de sang-froid dans cette occasion périlleuse. Il reçut à la main une grave blessure en s'efforçant d'arracher l'espèce de sabre nommé *yathagàn*, dont un des assassins allait le frapper. En voulant esquiver un autre coup, il reçut à la joue une seconde blessure, dont la cicatrice est encore visible.

---

(1) Rien de plus rare que le suicide chez les Orientaux : généralement ils attendent la mort avec calme et indifférence, et ne font rien pour la prévenir, quelque cruelle qu'on la leur prépare. C'est l'effet du préjugé religieux ; mais ici le *préjugé* produit un effet salutaire que n'aurait pas toujours la saine raison elle-même.

(*Note du Traducteur.*)

Le Beï fut fort affligé de cet événement. Les jeunes gens avaient déclaré que leur dessein, en attentant aux jours de leur maître, avait été de perdre son cruel ministre. On dit que le Beï fit à ce sujet de durs reproches au *Saba-taba*, sur le compte duquel il lui était déjà revenu des plaintes qu'il avait jusqu'alors refusé d'écouter.

CHAPITRE III.

Des parens du Beï qui résident auprès de lui, et des hommes influens qui composent sa cour.

J'ai dit plus haut (page ▓), que le Beï *Mahmet* avait laissé en mourant deux fils. Ces deux jeunes gens s'étaient peu fait remarquer. A la mort d'*Ali-Beï*, leur oncle, arrivée en 1782, ils comprirent l'impossibilité de lutter contre la force des choses, qui portait au trône leur cousin *Hamoúda :* ils se résignèrent, et furent les premiers à le saluer Beï.

Ces deux princes, nommés *Mahmoud-Beï* et *Ismaïl-Beï*, n'avaient point cessé de résider au *Bardo*, tant du vivant de leur oncle *Ali* que depuis sa mort. On s'accorde à les regarder comme des hommes doux et peu entreprenans, et ils ne se sont jamais mêlés des affaires de l'état. L'aîné a épousé sa cousine, sœur de *Hamoúda*, dont il a deux enfans, que l'on compte déjà au nombre des héritiers éventuels. Le plus jeune est marié à une renégate sarde, dont il n'a pas obtenu, je crois, de postérité.

On se rappelle qu'*Ali-Beï* laissa à sa mort deux enfans mâles, outre *Hamouda*; l'un, *Mahamed-Beï*, mort depuis; l'autre, *Osman-Beï*, encore vivant. Ce dernier a deux fils, qui, de tous les jeunes princes, sont ceux qui promettent le plus, et qu'on regarde généralement comme devant succéder au trône.

Des cinq filles qu'*Ali-Beï* a laissées, deux ont épousé le premier ministre *Mustafa-Khodja* (1); la troisième, le neveu de celui-ci, appelé *Mahmoud*; et la quatrième, *Ismaïl-Kiahia*, ci-devant *Capitan-Pacha* de la Porte-Ottomane. La cinquième a préféré rester fille. *Mustafa* et *Ismaïl* n'ont point eu d'enfans de leurs femmes.

Mustafa Khodja était un esclave géorgien du Beï, qui obtint de son maître la liberté pour prix de sa fidélité et des utiles services qu'il lui avait rendus. A l'avénement de *Hamouda*, *Mustafa* continua de rester en faveur auprès de lui. C'est à sa prudence et à ses conseils que le Beï est redevable de l'état prospère de ses affaires.

Depuis la mort de son beau-frère *Mustafa-Khodja*, le Beï, voulant gouverner par lui-même, ne lui a point donné de successeur. Il règle

---

(1) *Khodja*, mot turc qui signifie écrivain ou secrétaire; c'est un titre d'honneur.

seul les affaires, et comme prince et comme ministre ; seulement il a confié les sceaux à un esclave géorgien, qui reçoit de cet emploi le titre de *Saba-taba*, ou garde des sceaux.

J'ai déjà remarqué que la cour de *Hamouda* se compose entièrement d'esclaves et de renégats. Un coup d'œil sur les principaux de ces favoris ne sera pas sans quelque intérêt.

A leur tête se présente le *Saba-taba*. C'est un esclave géorgien qui fut amené présenté au Beï dès ses plus jeunes ans, à cause de sa beauté remarquable. Indépendamment de son emploi principal de chancelier d'état, il est capitaine des gardes du prince, et général des troupes après le Beï. Ce ministre est bien différent de ce qu'il était dans sa première jeunesse : il est maintenant gras et fort pesant ; sa figure, vrai miroir de son ame, porte l'empreinte de l'insolence et du dédain ; il est cruel, vindicatif, jaloux, intrigant et avare ; son génie est fertile en ruses viles et lâches ; telles qu'on doit les attendre d'un esclave. Il peut avoir quarante ans.

Depuis les dernières victoires de Tunis sur les Algériens, ce ministre a le privilége de s'asseoir en présence de son maître. Cet honneur est un des plus insignes dont puisse jouir un esclave ; car il n'a point cessé de l'être, quelques efforts qu'il ait faits pour obtenir sa liberté, le Beï ayant constamment refusé de la lui accorder, pour des raisons qu'on ignore. N'étant point libre, il n'a pu se marier.

Comme homme d'état, le *Saba-taba* n'a jamais déployé aucune habileté; comme soldat, il a été heureux, sans avoir donné la moindre preuve de capacité militaire sur le champ de bataille; enfin, sous le rapport du courage, on ne saurait lui accorder d'éloges.

Le *Saba-taba* est immensément riche, et ce peut être une des raisons qui se sont opposées à son affranchissement (1). Ses nombreux esclaves sont mal nourris, mal entretenus, soumis à de plus rudes travaux que tous les autres; et, lorsque l'un d'eux demande à se racheter, l'avidité du ministre ne connaît point de bornes. Sa cupidité mercantile fait un tort incalculable au commerce du pays; il se montre, dans toutes les spéculations, concurrent dangereux, et peu de particuliers osent lutter contre lui, non-seulement sur la place de Tunis, mais encore dans les marchés de France et d'Italie.

Suleïman-Kiahia, autre esclave géorgien, se

---

(1) Cela ne paraît pas douteux : à la mort de l'esclave-ministre, le despote est de droit son héritier. Voilà pourquoi le Beï n'a pas permis au *Saba-taba* de se marier.
(*Note du Traducteur.*)

présente sur le second plan. Il commande l'armée après le *Saba-taba*, et il a la conduite des camps qui vont annuellement recueillir les tributs des peuples et des gouverneurs sur les frontières du royaume. Le caractère de *Suleïmàn* forme un contraste parfait avec celui dont je viens de donner une idée. Son maintien et son extérieur sont nobles, et il a une grande facilité de mœurs; il est franc, ouvert, libéral, brave jusqu'à la témérité, et plus humain qu'on n'est en droit de l'attendre d'un homme nourri parmi les barbares. Le *Saba-taba*, poussé par la jalousie, a tout mis en usage pour le perdre dans l'esprit du Beï; mais *Suleïmàn*, prudent autant que brave, se tient sur ses gardes, et a échappé jusqu'ici à tous les piéges que son ennemi lui a tendus. De son côté, le Beï connaît trop bien le prix des services et des talens de *Suleïmàn*, pour le sacrifier à l'envie. Si ce Géorgien eût été élevé en Europe, et qu'il y eût étudié l'art militaire, on peut croire qu'il fût devenu à la fois grand' capitaine et homme d'état. Sur le champ de bataille, c'est plutôt un intrépide soldat qu'un habile officier; aussi est-il redevable de la gloire militaire qu'il a acquise à la tête des bandits soumis à ses ordres, à son courage naturel comme soldat, plutôt qu'à ses talens comme général. *Suleïmàn* paraît avoir environ trente-six ans.

Mariano Stinca, esclave napolitain, est un des personnages les plus influens à la cour de *Hamouda-Pacha*, et le chef des autres esclaves. Il y a déjà bon nombre d'années qu'il a été conduit en captivité à Tunis. Tous les efforts qu'on a tentés pour lui faire embrasser la religion mahométane ont été infructueux : il a persisté dans la foi chrétienne. La connaissance qu'il a de la langue arabe le rend utile au Beï comme secrétaire et interprète privé pour la traduction des lettres que ce prince reçoit des consuls européens.

Le *Gardien-Bachi*, ou gouverneur des esclaves, est un renégat napolitain du plus odieux caractère. Cet homme occupait, à Naples, une place de confiance; abusant de la bonne foi de ses commettans, il s'associa des complices, à l'aide desquels il effectua un vol considérable, et prit la fuite. La justice étant à sa poursuite, il erra de ville en ville, jusqu'à ce qu'ayant pris le parti de passer à Tunis, il y changea de nom et de religion pour sauver sa tête.

Le *Gardien-Bachi* est un des hommes les plus rusés et les plus scélérats de toute la régence de Tunis : il n'y a point de crime possible qu'il n'ait commis ou dont il ne soit capable. Le feu Beï avait voulu tirer parti de son habileté, et l'employer auprès de sa personne; mais son vieux mal le reprit : il fit de fausses clés, et mit à contribution les coffres de son maître. Cette entreprise ayant été découverte, il reçut quinze cents coups de bâton, après quoi il fut mis aux fers, et condamné aux travaux publics. Le consul de France s'intéressa en sa faveur, et sollicita le Beï de le prendre comme drogman. Ce prince y consentit avec peine. Au bout de quelque tems, cet emploi ayant donné à celui qui l'occupait diverses occasions de garder son maître (1), il parvint à se mettre bien en cour, ce qui n'était pas fort difficile auprès de gens qui ne valaient guère mieux que lui, et il obtint enfin le poste de *Gardien-Bachi*. Cette place lui a donné les moyens d'amasser une grosse fortune; mais il arrive quelquefois que le Beï a la fantaisie de lui faire des saignées. Ce misérable est observé de très-près, et, s'il tentait de s'échapper en Europe, le sort qui lui est réservé n'est pas douteux. Le revenu qu'il tire de divers petits impôts, tels que celui du vin, et les vols qu'il commet sur les fonds affectés à l'entretien

---

(1) A Tunis, les drogmans font aussi les fonctions de gardiens ou de janissaires. Plusieurs consuls en ont jusqu'à quatre, chargés de les accompagner, et de porter leurs lettres ou leurs communications verbales au Beï et à ses ministres.

(*Note du Traducteur.*)

des esclaves, lui forment un revenu d'environ quarante mille piastres par an. Lorsqu'un esclave chrétien est assez heureux pour se sauver, le *Gardien-Bachi* est obligé de payer de sa bourse trois fois la valeur du rachat.

CHAPITRE IV.

Caractère des Maures.

Il n'est pas besoin d'être doué d'une grande pénétration pour étudier et démêler le caractère des Maures : ils sont ignorans, orgueilleux, rusés, fourbes, avares et ingrats.

Dans tous les rapports, mercantiles ou politiques, qu'un Maure peut avoir avec un étranger, il ne manquera jamais de chercher à prendre le dessus; et, s'il a affaire à quelqu'un dont la supériorité nationale ne lui soit pas démontrée, il s'appliquera sans cesse à le lui faire sentir, et à profiter de l'avantage qui en résulte pour lui. Au contraire, s'il est convaincu que la supériorité est du côté du Chrétien, celui-ci a besoin de la lui rappeler plus d'une fois avant de pouvoir prétendre aux égards qu'elle lui donne droit d'attendre.

C'est une maxime erronée et dangereuse chez les nations européennes de croire qu'on doit traiter les Barbaresques sur le pied de l'amitié et de la franchise : ils ne font aucun cas des bons procédés, et regardent tout Chrétien de l'œil de la haine et du mépris. S'il arrive qu'un Maure traite un Infidèle avec quelque égard, ou s'abstienne de lui faire du tort, on peut en conclure que c'est la crainte ou l'intérêt, et non la justice ou la générosité qui a servi de règle à sa conduite : à la première occasion qui pourra s'offrir au Maure d'exercer avec impunité son penchant à la fraude et à la rapine, on doit être assuré de ne point lui échapper.

L'appareil de la puissance peut seul imposer aux Barbaresques, et leur commander le respect : il faut sans cesse les intimider comme un maître d'école en use avec ses élèves. On doit se garder de leur accorder une faveur, si ce n'est en échange de quelque autre, et après l'avoir fait long-tems désirer ; dans ce cas même, il faut la faire valoir le plus qu'il est possible. On doit compter sur l'inutilité de toute demande, même rigoureusement juste, dont ils peuvent convertir l'objet en une grâce qui dépend d'eux ; et, à moins que la crainte, l'intérêt ou quelque autre motif semblable n'en décide autrement, il n'y a pas plus à espérer du prince que de ses sujets; car là où la bonne foi, l'honneur, la reconnaissance et la générosité sont inconnus dans les premières classes, que pourrait-on attendre des rangs inférieurs ?

La vengeance est une des passions favorites de ce pays : un Maure ne perd jamais le souvenir d'une injure, et met en usage tout ce qu'il a de finesse et de persévérance pour parvenir à nuire à son ennemi, et satisfaire sa haine rancuneuse. Quelquefois il poussera la dissimulation jusqu'à donner toutes les marques apparentes d'une véritable amitié pour pouvoir porter plus sûrement et à l'improviste le coup qu'il avait médité.

Si les Maures conservent avec tant de soin la mémoire du tort qu'ils ont reçu, ou du bien qu'ils peuvent avoir fait par hasard, il faut convenir qu'en revanche ils oublient avec une merveilleuse facilité les services qu'on leur a rendus : ils considèrent le bienfait d'un Chrétien comme chose de droit, laquelle n'entraîne ni l'obligation de rendre la pareille, ni même celle d'être reconnaissant.

C'est en les combattant avec leurs propres armes, en matière de politique comme d'intérêt, qu'on peut espérer de n'être pas leur dupe ; et il est de fait que, pour traiter avec un Maure sans désavantage, on n'a point jusqu'ici trouvé de meilleur moyen que celui d'opposer l'intrigue à l'intrigue, l'injustice à l'injustice, et la chicane à la chicane ; autrement on peut être certain qu'il aura le dessus. Toutefois, quoique cette méthode ait été pratiquée avec succès par la plupart de ceux qui traitent avec les Barbaresques, je crois que la droiture serait le meilleur guide en affaires, même avec eux : il suffit de se tenir constamment en garde contre leurs fourberies, qu'on parviendrait à rendre inutiles en adoptant invariablement le plan d'agir soi-même avec intégrité, sans jamais leur présenter le côté faible, ou leur donner l'espoir de tromper : la droiture jointe à l'habilité, à la vigilance et à la fermeté, doit constamment triompher de la mauvaise foi qu'on lui oppose (1).

La plus sordide avarice est commune à toutes

---

(1) J'ose à peine être de l'avis de M. Maggill ; il m'est même prouvé que c'est le Maure qui triomphera. Je ne conseille pas pour cela aux Européens de renoncer aux maximes honorables que notre auteur professe ici en contradiction, toutefois, avec ce qu'il a dit un peu plus haut ; mais je suis certain que la droiture même, si elle n'est accompagnée de ce degré de confiance et de bonhomie, au moins apparentes, qui laisse au Maure l'espoir de faire une dupe, n'aura pour lui aucun attrait : il préférera traiter avec un fripon, s'il peut se flatter d'être plus fin que lui. Le Barbaresque porte en lui un tel instinct de fraude, qu'il craint presque également de ne pas faire du tort et d'en recevoir. Le chef-d'œuvre de la politique en tout genre avec les Maures serait de leur laisser croire qu'on est leur dupe, et de ne pas l'être en effet.

(*Note du Traducteur.*)

les classes de Maures. Dans les derniers rangs, on remarque généralement que, lorsqu'il est question de payer la *gharàma* ou capitation, c'est toujours l'impossibilité qu'on allègue pour s'en exempter, et les protestations ne sont point épargnées en pareil cas; mais le collecteur du fisc, très-familier avec ce genre d'excuse, n'en poursuit pas moins ses fonctions, et fait appliquer la bastonnade au réfractaire. C'est alors que celui-ci consent à payer, et c'est ordinairement avant de quitter le lieu même de l'exécution qu'il tire son argent et acquitte sa taxe. Un Européen, présent à une scène de ce genre, demandait au patient s'il n'aurait pas mieux valu payer sans tant de façons que de recevoir ce rude avertissement sans aucun profit pour sa bourse. « *Quoi!* s'écria le Maure, *je paierais ma taxe sans avoir reçu des coups de bâton!* »

Quoiqu'on puisse attribuer cette singularité à l'attachement stupide des Maures pour leur argent, qui leur fait espérer, jusqu'au dernier moment, d'échapper à l'obligation de payer, on peut l'expliquer encore par une cause plus naturelle, qui est le danger de paraître riche sous un gouvernement d'une rapacité achevée.

CHAPITRE V.

De l'armée du Beï de Tunis, et de la conduite qu'elle a tenue dans les dernières rencontres avec celle d'Alger.

Le Beï de Tunis peut, en tout tems, et au moindre avis, rassembler de quarante à cinquante mille hommes de milice, dont plus des trois quarts se composent de cavalerie. Il a de plus à son service environ six mille Turcs. Ceux-ci, qui passent pour être meilleurs soldats que ceux du pays, sont plus redoutés des Maures, plus courageux et aussi plus cruels (1).

J'ai déjà dit que les troupes du Beï méritaient plutôt le nom d'une bande de malfaiteurs que celui d'une armée régulière. Elles ne sont bonnes qu'à combattre celles qu'on leur oppose, parce

---

(1) Je ne suis pas de cet avis : le Turc est plus brutal que le Maure; mais l'idée de sa supériorité, même lorsqu'elle est chimérique, le rend communément plus généreux.

(*Note du Traducteur.*)

que celles-ci ne sont pas d'une autre espèce ; mais elles ne tiendraient pas contre un dixième en nombre de troupes exercées.

L'armée que le Beï envoya contre les Algériens au printems de 1807, était forte de plus de quinze mille hommes de cavalerie et de dix mille d'infanterie, sans compter les Turcs. Dans l'escarmouche qui eut lieu au mois de mars (car il n'y eut pas même de bataille), les Tunisiens, saisis d'une terreur panique, quittèrent précipitamment la place, et s'enfuirent dans toutes les directions ; en sorte que les Algériens s'emparèrent paisiblement de leur camp, de tout le bagage qu'il contenait, et de quinze mille chameaux (1) chargés de vivres et de provisions de toute espèce. Un grand nombre de fuyards regagnèrent Tunis à cheval sans s'arrêter, et sans même oser regarder derrière eux ; il y en eut plusieurs milliers, qui, croyant avoir l'ennemi sur leurs talons, galoppèrent avec tant de célérité qu'ils crevèrent leurs chevaux sous eux. Si les Algériens eussent profité de la victoire, il n'y a pas de doute qu'ils ne se fussent rendus maîtres de Tunis, car l'alarme était telle dans cette capitale, qu'on n'y

---

(1) Ce nombre a été ridiculement exagéré.

(*Note du Traducteur.*)

songeait pas même à se défendre. Par bonheur pour le Beï, les troupes d'Alger, étonnées de la facilité avec laquelle on leur avait abandonné un si beau camp et un si riche butin, s'avisèrent de soupçonner quelque embuscade, et préférèrent se retirer avec leur proie, sans songer à poursuivre l'ennemi.

On attribue la fuite des troupes tunisiennes à la crainte qu'elles avaient d'une trahison : la jalousie divisait les deux généraux qui les commandaient ; ils se disputaient à qui serait nommé Beï de Constantine (1), avant même qu'on s'en fût rendu maître. Pendant le débat, un gros d'Algériens vint faire une reconnaissance; chacun des deux partis tunisiens, se croyant trahi par l'autre, prit la fuite sans écouter la voix des chefs.

Le Beï de Tunis ayant réparé ses pertes avec une prodigieuse activité, remit une armée en campagne dès le mois de juillet de la même année ; le 13, on n'était plus séparé des Algériens que par une distance de quinze milles. La chaleur était excessive, et les troupes du Beï, non-seulement étaient fatiguées, mais manquaient

---

(1) Seconde ville du royaume d'Alger, située sur la frontière de celui de Tunis, et capitale du gouvernement de l'Est.

d'eau. Le *Saba-Taba*, qui commandait en chef, fit halte jusqu'au jour suivant, envoya, dans l'intervalle, une reconnaissance pour se procurer de l'eau, forma son camp et fit dresser les tentes; il plaça ensuite la cavalerie sur les bords, et l'infanterie au centre, avec quatre pièces de campagne à chaque angle, en tout seize pièces, dont se composait son artillerie. Le détachement envoyé à la découverte de l'eau trouva une rivière située à moitié chemin de l'espace qui séparait les deux armées; mais, s'étant avancé, il se trouva face à face avec un parti algérien. A cette vue, les Tunisiens, saisis de frayeur, s'enfuirent à toute bride vers leur camp. Leur retour précipité jeta l'alarme dans l'armée entière, et chacun se prit à courir; la cavalerie fut la première à se mettre en marche, et l'infanterie se préparait à la suivre. Dans cette crise, le *Saba-Taba*, qui avait perdu la tête au milieu de la confusion, ne savait plus quel parti prendre: ses troupes fuyaient de toutes parts, et les flots de poussière que soulevait la cavalerie en avant, ne lui permettaient pas de distinguer si ceux qui avançaient étaient amis ou ennemis, ni quel en était le nombre. Enfin, on commença à crier autour de lui qu'ils étaient amis; mais un esclave grec, qui dirigeait l'artillerie, persuadé que c'étaient des Algériens, mit le feu à une de ses pièces, malgré l'ordre du général. Par bonheur, le coup ne tua qu'un cheval, et ne causa que quelque chétif dommage. Les Algériens, prenant à leur tour l'épouvante, s'arrêtèrent court; mais le Grec leur ayant envoyé la volée des trois pièces qui lui restaient, chargées à boulet et à mitraille, ils tournèrent bride et prirent la fuite. La cavalerie du Beï, témoin de ce changement, reprit courage, et, revenant à son devoir, poursuivit les Algériens jusqu'à leur camp.

Dans la matinée du 14, les deux armées se trouvèrent en présence, avec la rivière entre deux, mais à une distance respectueuse l'une de l'autre. On escarmoucha depuis le lever du soleil jusqu'à son coucher sans se faire mutuellement aucun mal, et l'on paraissait, des deux côtés, plus disposé à se menacer qu'à en venir sérieusement aux mains. Vers le soir, les Algériens tirèrent un coup de canon à poudre. En pareille circonstance, c'est le signal par lequel on est convenu d'annoncer qu'on ne se battra pas jusqu'au lendemain. On cessa de tirer, et le combat finit.

Cependant les Algériens ayant aperçu, vers le coucher du soleil, un parti de cavalerie tunisienne, qui avait pris position sur des montagnes, sous le commandement de *Suleïmàn-Kiahia*, et s'imaginant que ce corps était placé là pour les cerner avant le jour, prirent de nouveau l'alarme, et s'enfuirent pendant la nuit avec non moins de précipitation que l'armée du Beï dans la campagne précédente, abandonnant leur camp, tout leur bagage, un nombre de chameaux qu'on fait monter à dix mille (1); et la totalité de leur artillerie, consistant en vingt pièces de campagne et quatre mortiers. Les Tunisiens, satisfaits d'une victoire remportée à si bon marché, n'osèrent poursuivre leurs avantages. L'occasion de prendre Constantine, qui alors était entièrement à découvert, fut négligée, et ne s'offrira peut-être plus à l'avenir. La ville avait déjà ouvert ses portes pour recevoir les vainqueurs, et quelques-uns des plus hardis y étaient même entrés à cheval (2). Le *Saba-Taba*, ne voulant

---

(1) Ce nombre n'est pas moins exagéré que le précédent. On ne saurait croire à quel point les Orientaux chérissent l'hyperbole : ils la mêlent à tous leurs récits, même sans le vouloir, et de la meilleure foi du monde. C'est bien pis quand il y va de leur orgueil ou de leur intérêt.

(*Note du Traducteur.*)

(2) Je tiens ce dernier fait pour douteux : au reste, s'il est vrai, les Algériens sont bien capables de le nier; s'il est faux, les Tunisiens sont gens à l'inventer. Les Algériens jouissent à peu de frais de l'honneur d'inspirer l'effroi à l'Europe entière; c'est aux Tunisiens qu'ils ont l'obligation de n'être pas les plus lâches des hommes.

(*Note du Traducteur.*)

pas compromettre la *gloire* qu'il venait d'acquérir, songea à regagner Tunis, pour y recueillir la palme due à sa *valeur*. La saison d'ailleurs était trop avancée pour que les Algériens pensassent à rentrer en campagne. Le nombre des prisonniers, des morts et des blessés fut presque nul des deux côtés, et l'on s'en étonnera peu si l'on considère qu'à la distance qui séparait les combattans, les rangs n'étaient guère exposés à s'éclaircir.

On n'est pas d'accord sur la contenance du *Saba-Taba* dans ces différentes affaires : les uns l'accusent d'avoir montré la plus insigne lâcheté ; d'autres, qui étaient auprès de lui pendant l'action, assurent qu'il déploya plus de courage et même d'humanité qu'on n'en devait attendre de lui ; ces derniers ajoutent qu'il n'avait défendu au Grec de faire feu que parce qu'il y avait, entre son corps d'armée et le détachement ennemi, quelques-uns des siens qu'il avait voulu épargner, mais que le Grec n'avait pas jugé cette considération assez importante pour s'y arrêter. On va jusqu'à assurer qu'à l'issue de cette *bataille*, le *Saba-Taba* donna à ses prisonniers le choix d'entrer au service du Beï, ou de s'en retourner chez eux.

Les Français de Tunis s'attribuent l'honneur de cette victoire ; ils prétendent que le *héros* qui l'a décidée est leur compatriote. «C'est *Moreau*, s'écriaient-ils, *Moreau*, le vrai type de la valeur française, qui a rendu au Beï cet important service! C'est lui qui a préservé Tunis du sac et des horreurs qui le menaçaient! Honneur au sauveur de Tunis! » On sera peut-être curieux de connaître quel est ce *général Moreau*, cet éminent personnage. Or, ce Moreau est un individu, qui, se disant déserteur de l'armée française, obtint un asile en Angleterre; peu à peu son caractère se fit connaître; et comme on vint à le soupçonner de n'être qu'un meurtrier fugitif, il fut renvoyé du service anglais. Il passa ensuite à Constantinople, où, de son propre aveu, il a servi l'ambassadeur d'Angleterre en qualité d'heiduque. De là il se rendit à Tunis, où il changea de religion, et entra au service du Beï, qui lui donna le commandement de son artillerie. Mais, loin d'avoir en rien contribué au succès qu'on lui attribue, il resta ivre-mort dans sa tente tout le tems que dura l'action. Il fait aujourd'hui à Tunis le métier de barbier, est rarement sobre, et, dans toute sa conduite, peut passer pour le vil des mécréans. Et pourtant la France compte dans sa légion-d'honneur bon nombre d'hommes de cette trempe (1) !

---

(1) Il faut avouer que la légion-d'honneur avait bien

affaire avec ce *général Moreau*, qui n'en fut jamais membre ! J'ai conservé à dessein ce petit trait d'urbanité anglaise, parce que ce n'est point une simple personnalité. Je n'ai ni obtenu ni demandé la croix de cet ordre, que j'ai peut-être méritée tout comme un autre : en prenant sa défense, je ne puis donc être accusé de partialité. Faudra-t-il rappeler à M. Maggill que le signe honorable dont il affecte de parler avec tant de dédain, n'est pas le prix uniquement réservé aux vertus de famille ? Croit-il qu'il soit nécessaire de s'assurer si le grenadier, auquel on l'accorde pour être monté le premier à l'assaut, ne boit que de l'eau et entend dévotement la messe ? Eh ! M. Maggill, si les buveurs et les gens sans courage ou sans honneur étaient rigoureusement exclus des ordres anglais, combien d'illustres personnages seraient contraints de déposer le cordon du Bain ou de la Jarretière ! Croyez-moi, laissez en repos la légion-d'honneur : si jamais on vous propose d'en devenir membre, vous aurez alors le droit de refuser, et même de dire pourquoi.

Mais revenons à Moreau. Presque tous les faits avancés par M. Maggil sont faux ; en voici que je garantis : Moreau, natif de Lyon, avait été canonnier dans l'artillerie légère. Il était certainement déserteur, mais rien ne prouve qu'il fût un meurtrier fugitif. Il avait été au service du prince d'Esterhazy. Ce fut au moment de s'embarquer pour France qu'il embrassa l'islamisme, en présence même du Beï qui se trouvait à la Goulette. Moreau était effectivement grand buveur, car il se trouve des ivrognes à Tunis aussi bien qu'en Angleterre ; mais, en supposant qu'il eût bu le jour de la bataille, il est incontestable qu'il rendit de grands services au Beï dans cette occasion ; du moins ce prince, que l'envie n'aurait pas manqué d'éclairer, lui donna des marques publiques de sa reconnaissance. Le vin n'empêchait pas Moreau d'avoir la vue nette; et cela est si vrai que le Beï et son premier ministre l'avaient créé leur chasseur en titre d'office, emploi dont il s'acquittait avec succès. Moreau jouissait même de la confiance de son maître, au point que celui-ci lui abandonnait quelquefois la conduite de son wisky. Ce renégat fut tué par des Bédouins pendant qu'il était à la chasse, et le Beï témoigna autant de regret de sa mort, que de dépit de n'avoir pu découvrir les assassins, après des recherches qui durèrent deux mois. Le *Saba-Taba* voulut du moins attester, par un témoignage public, le cas qu'il faisait des talens de Moreau, en lui faisant ériger un tombeau sur la route de Tunis à *Hamma-Mélifa*, où il avait été tué. A l'égard du Grec dont il est parlé pages 39 et 40, c'était un capitaine marin illyrien, pris sous pavillon russe, et nommé Vangelico. Moreau peut au moins revendiquer la moitié dans l'heureux trait de désobéissance qui valut la victoire aux Tunisiens, ce qui prouve que ce Français n'était point ivre-mort dans sa tente pendant l'action, et qu'il ne manquait ni de courage ni de présence d'esprit. Vangelico, en sa qualité de Grec Illyrien, fut dans la suite racheté par la France, moyennant une rançon de *onze cents piastres* (à peu près dix-sept cents francs); car le service qu'il avait rendu au Beï ne lui avait pas même valu sa mise en liberté.

C'est ici le lieu de redresser une erreur, ou peut-être même une fausseté contenue dans une note de la page 80, où il est dit que les Français paient *moins* de deux mille piastres la rançon d'un esclave. Sans doute mille et douze cents sont *moins* que deux mille; et, si M. Maggill n'a pas d'autre moyen d'échapper au reproche de partialité mensongère, je crains fort qu'il ne soit taxé, sur ce point, de peu de sincérité. La vérité est que les esclaves rachetés par la France, même individuellement, coûtent rarement au-delà de douze cents piastres, et souvent beaucoup moins. Il faut avoir bien envie de rehausser la gloire de son pays, et de déprécier celle des autres, pour altérer des faits aussi notoires, et en même tems d'une importance aussi légère.

(*Note du Traducteur.*)

CHAPITRE VI.

Population de l'état de Tunis.

L'opinion commune à Tunis est que la totalité de la population du royaume, avant la grande peste et la dernière famine, pouvait monter à cinq millions d'ames ; mais ce calcul me semble très-hasardé : la nature du pays ne permet pas d'asseoir à cet égard de calcul, même conjectural. D'ailleurs le nombre des habitans doit être exposé à varier continuellement, à cause de la vie errante que mènent une grande partie d'entre eux : dans toute l'étendue des états Barbaresques, on ne voit que tribus nomades, vivant sous la tente, se transportant sans cesse d'un lieu à un autre avec leurs troupeaux, et ne s'arrêtant dans un pays qu'autant de tems qu'il offre des pâturages (1).

---

(1) Cette observation est si vraie, quant aux campagnes, qu'elle peut même s'appliquer aux villes : les dénombremens sont inconnus à ces peuples, de même qu'à tous les Orientaux, qui d'ailleurs ne tiennent point

On prétend que la peste et la famine qui ont désolé le pays en dernier lieu, ont emporté un tiers ou même la moitié des habitans du royaume (1). Mais ne peut-on pas présumer que ce calcul est tout aussi vague que celui de la population ? En effet, quoique, dans les villes, et en particulier dans la capitale, la mortalité ait été considérable, puisqu'elle a fait périr environ la moitié des habitans, il est probable que, dans la campagne, où l'air et l'espace ne sont pas circonscrits, et où le peuple n'est pas pressé, entassé comme dans les cités, les ravages de la peste ont été beaucoup moindres ; ce sera donc beaucoup si un dixième de la population a péri

---

de registres de naissances ni de morts. Un Européen est réduit, pour connaître la population d'une ville mahométane, à la supputer dans la proportion des enterremens, et l'on sent combien cette méthode peut être inexacte et fautive. On s'en est servi pour évaluer le nombre d'habitans de Tunis et de ses faubourgs, et l'on a trouvé que cette ville pouvait contenir deux cent mille ames. Alger, qui est beaucoup plus resserré, et qui n'a qu'un très-petit faubourg, passe pour en avoir quatre-vingt mille. (*Note du Traducteur.*)

(1) Autre exagération plus ridicule encore que celle des chameaux.
(*Note du Traducteur.*)

de la peste hors des villes. Quant à la famine, il est vrai qu'elle a opéré une grande destruction dans l'intérieur des terres : les malheureux habitans, sans nourriture et même sans eau, périssaient de misère sous un soleil presque vertical, dont ils n'avaient, pour se garantir, que des tentes d'un feutre mal fabriqué.

Si d'autres causes, indépendamment de la famine, n'ont point concouru à réduire la population, il est à croire que les pestes qu'elle a essuyées sont maintenant réparées en grande partie, et que le nombre des habitans est aujourd'hui à peu près égal à celui de 1785, époque de l'évaluation qui les porte à cinq millions. Mais ne peut-on pas conjecturer que la mauvaise politique du prince et l'oppression qui pèse sur ses sujets, ont dû puissamment contribuer à empêcher l'accroissement de la population (1)? Dans un pays où l'industrie est continuellement

---

(1) Cette conclusion n'est pas juste : sans doute le gouvernement de Tunis est oppressif et cruel, ainsi qu'il l'a toujours été ; mais, de l'aveu de M. Maggill, *Hamoúda*, monté sur le trône en 1782, a gouverné l'état avec une sorte de sagesse ; il n'a point eu à soutenir de guerre meurtrière, et il a eu, depuis 1785 jusqu'à 1808, vingt-trois ans pour remédier à deux fléaux passagers.

(*Note du Traducteur.*)

entravée par des vexations de tout genre, ou sujette à des interruptions ruineuses et fréquentes; où la propriété, la liberté, l'existence sont des biens précaires; où les douceurs de la vie domestique et sociale sont à peu près inconnues; où la dépravation des mœurs est à son comble; où les moyens de subsistance sont incertains et souvent difficiles; dans un pareil pays, dis-je, on doit s'attendre à voir diminuer plutôt qu'accroître la population. C'est probablement à cette cause, plus qu'à toute autre, qu'on peut attribuer la réduction du nombre des habitans; on assure qu'elle est sensible dans toutes les parties du territoire. Le même effet se fera apercevoir dans tous les pays soumis au despotisme : d'une extrémité à l'autre des vastes états qui gémissent sous l'oppression des Ottomans, on ne voit que de tristes preuves de cette vérité, et le royaume de Tunis ne fournira pas assurément la matière d'une exception à la règle (1).

---

(1) Il n'est peut-être pas d'opinion plus généralement établie que celle qui attribue au despotisme la dépopulation des états; je ne crois pas qu'il y en ait de plus fausse, et je vais essayer de prouver ma proposition, qu'on ne manquera pas de traiter de paradoxe.

L'Espagne, soumise à un gouvernement absolu, mais nullement despotique, est le royaume le moins peuplé

La population du pays de Tunis peut donc être évaluée à deux millions et demi d'habitans, di-

---

de l'Europe civilisée. J'en recherche la cause, et je la trouve: dans une mauvaise police qui assure l'impunité aux malfaiteurs; dans la multitude d'individus, surtout de femmes, que la superstition voue à l'état monastique; dans le goût du célibat, qui s'est emparé de toutes les classes par une suite inévitable de l'excessif relâchement des mœurs; dans l'imperfection de la culture, source d'une sobriété trop vantée, et d'une nourriture reconnue mauvaise, puisqu'elle n'est que stimulante, sans être substantielle et prolifique; dans l'état déplorable de la médecine et de la chirurgie, dont les bienfaits sont à peine connus dans les grandes villes, et nuls pour le reste du royaume. J'omets ici une infinité de causes secondaires qu'il serait trop long de rapporter. On voit que je ne veux point faire entrer dans ce calcul les fléaux accidentels communs à tous les empires, tels que les épidémies, la famine et la guerre, quoique la dépopulation qu'ils entraînent se répare plus difficilement qu'ailleurs, en raison des causes permanentes.

Veut-on maintenant la contre-partie de ce tableau, qui n'a rien d'exagéré? qu'on jette les yeux sur la Chine. Quelque diverses que soient les opinions des voyageurs et des philosophes, sur la sagesse ou l'absurdité des antiques lois de cet empire, tous sont d'accord sur un point, c'est qu'il n'est aucun pays où le despotisme soit plus anciennement établi, plus ingénieusement combiné, plus susceptible d'une éternelle durée, et qu'il n'en est

visés comme il suit : sept mille Turcs nés en

cependant aucun mieux cultivé, plus industrieux, plus peuplé. L'Europe elle-même, avec toute la perfection de ses arts, de sa culture et de son commerce, ne pourrait, proportion gardée, nourrir plus d'un tiers des habitans de la Chine.

On a coutume de dire que, dans un état régi par de bonnes lois, où l'espèce humaine n'est point dégradée, et où la subsistance est assurée à l'industrie, les mariages sont nombreux et productifs. Rien n'est certainement plus vrai; mais c'est l'application exclusive de ce principe qui le rend erroné. Une preuve sans réplique de ce que j'avance, c'est que, malgré l'odieux régime qui gouverne les pays mahométans, rien n'y est plus rare que le célibat. Pendant un séjour de dix années en Barbarie, je n'ai connu qu'un nombre infiniment petit de célibataires parmi les Turcs établis (car il faut mettre hors de ligne les jeunes gens qui habitent les casernes, et qu'on envoie périodiquement dans les camps et les garnisons); encore n'avaient-ils renoncé au mariage que par un excès de mépris pour la race indigène, et faute de femmes de leur nation. Mais je puis dire n'avoir pas connu un seul Maure, un seul Juif qui ne fût marié; et c'est précisément le Maure qui est opprimé par le Turc, et le Juif qui l'est par tous deux. En Barbarie, les femmes sont fécondes et les hommes robustes, en dépit des débauches auxquelles on se livre de bonne heure, et des maladies, tant héréditaires qu'accidentelles, qui en résultent, et qu'on ne prend jamais la peine de guérir. De plus, les époux n'y con-

Levant; cent mille Juifs; sept mille Chrétiens,

naissent point ces *ménagemens*, trop familiers en Europe, à l'aide desquels on frustre la population de ses droits, et l'enfant qui se présente est toujours le bienvenu. Enfin, parmi les indigènes, les mariages se contractent toujours de très-bonne heure; et, quand ils se rompraient aussi légèrement, aussi fréquemment qu'on le croit en Europe, la génération n'y perdrait rien, car une nouvelle union succède presque aussitôt à un divorce. Quant à la polygamie, elle n'est commune en Levant que dans les classes supérieures ou opulentes; en Barbarie, quoique permise, il faut qu'elle soit beaucoup plus rare, puisque je n'en ai pas rencontré un seul exemple. Au reste, je ne crois pas qu'elle ait une grande influence sur la population, pourvu qu'elle n'excède pas certaines bornes. Maintenant, qu'on me dise comment le despotisme peut diminuer la population quand il n'empêche pas les mariages. M'objectera-t-on la belle Grèce, autrefois si florissante, aujourd'hui presque déserte? Mais les Grecs modernes se marient comme tous les autres Orientaux, sans que l'oppression les en détourne. M'opposera-t-on les guerres intérieures, causées par l'oppression des Pachas? Mais ces guerres, où le plus faible fuit constamment devant le plus fort, sont si peu meurtrières, qu'à peine peuvent-elles avoir un effet sensible. Et que dirait-on des guerres éternelles et sanglantes de l'Europe, dont les Turcs n'ont pas même l'idée?

Il ne faut donc pas attribuer la dépopulation au despotisme, mais bien à la peste, toujours subsistante sur

tant libres qu'esclaves; le reste se compose de Maures (1) et de renégats.

---

quelqu'un des points de l'empire ottoman, et qui enlève incessamment plus d'hommes que les mariages n'en peuvent produire. Or, c'est ici l'effet de l'ignorance, des préjugés religieux et de la mauvaise police, fléaux qu'on trouve souvent, mais non pas toujours, à la suite du despotisme, tandis qu'ils sont constamment le partage des états mal gouvernés, despotiquement ou non. Cette matière mériterait peut-être d'être approfondie; mais j'en laisse le soin à des plumes plus habiles, et je me borne ici à l'indiquer. (*Note du Traducteur.*)

(1) C'est-à-dire d'indigènes, car on ne donne le nom de Maures qu'aux habitans des villes.

(*Note du Traducteur.*)

CHAPITRE VII.

Situation de la ville de Tunis ; description de son port, de ses fortifications ; nature du sol, du climat, etc.

La ville de Tunis est bâtie six milles plus loin que le fond du golfe auquel elle donne son nom, aussi bien qu'au grand lac qui la sépare de la mer (1). Cette cité est entourée d'une misérable muraille de terre et de pierre, qui ne contribue ni à l'ornement ni à l'utilité (2).

---

(1) Le nom turc de ce lac est *Boghaz*, mot qui signifie *gorge* ou *gosier*, et par analogie *détroit*; il répond au mot italien *Gola*, qui s'applique au détroit par lequel le lac communique à la rade de Tunis; *Goletta* en est le diminutif. (*Note du Traducteur.*)

(2) Elle a cependant l'utilité, si c'en est une, de servir à fermer la ville depuis le coucher jusqu'au lever du soleil, et le vendredi pendant la prière du milieu du jour.
(*Note du Traducteur.*)

Les bâtimens sont de pierre, mais d'une pauvre architecture. Dans toute la ville, on ne trouve pas un seul édifice qui mérite d'être décrit. En ce moment, le Beï fait bâtir un palais, qui pourra être beau lorsqu'il sera achevé, mais dont l'emplacement a été choisi dans une rue étroite et malpropre; et, afin que rien ne fût perdu, le rez-de-chaussée doit être garni de boutiques. On construit aussi dans la ville plusieurs barraques ou casernes, qui, lorsqu'elles seront habitables, seront beaucoup plus commodes pour les soldats que celles qui leur sont affectées à présent. Les rues de Tunis sont étroites, sales et sans pavé. Les *Bazars* (marchés) et les boutiques n'ont qu'une apparence mesquine, et sont mal pourvues de marchandises. Les habitans, qui se pressent dans ce dédale tortueux de ruelles, présentent l'aspect de la misère et de l'oppression.

Il faut cependant reconnaître que le Beï actuel a beaucoup contribué à donner à cette ville au moins l'apparence d'une place défendue : il a fait ériger à différentes portes, sous la direction d'un ingénieur hollandais, des ouvrages qu'on appellera, si l'on veut, des fortifications, mais qui, en cas d'attaque, ne feraient pas plus de résistance qu'une décoration d'opéra. On a cependant élevé, dans le voisinage de la ville, de petits forts qui pourraient la protéger plus efficacement.

La citadelle, ou *Kázba*, bâtie dans la partie supérieure de la ville, est un ouvrage des Espagnols, maîtres du pays sous Charles-Quint. Ce château, qui commande la ville entière, pourrait, s'il en était besoin, la tenir dans le devoir.

Le port de Tunis est à la *Goulette*, qui est la communication de la rade au lac. Comme ce dernier ne reçoit ni rivière ni ruisseau dans toute son étendue, l'évaporation est compensée par l'eau qu'il reçoit de la mer.

La Goulette est défendue par deux châteaux d'une force considérable, bâtis par les Espagnols au tems de Charles-Quint; ils sont passablement entretenus. On y voit plusieurs canons d'une grande beauté, entre autres un fort grand, destiné à lancer des boulets de pierre; on y remarque aussi un canon d'un travail exquis, trouvé par les Français dans l'arsenal de Livourne, et vendu, il y a environ sept ans, à l'agent du Beï par un de ceux de Bonaparte. J'étais alors à Livourne, et j'ai vu embarquer ce canon.

Le Beï a eu autrefois la pensée de faire faire le desséchement du lac (1), qui se comble jour-

---

(1) La description donnée ici du port et du lac de Tunis ne m'ayant point paru suffisamment exacte, j'ai jugé convenable d'y ajouter les détails suivans :

Lorsque le Beï résolut de faire construire le port de

nellement des immondices de la ville; dans ce dessein, il avait fait venir de Hollande plusieurs

la Goulette, il avait pour but de rapprocher son arsenal de sa propre demeure (le *Bardo*) peu éloignée du point désigné. L'ingénieur que le gouvernement hollandais lui envoya à cette occasion, était un colonel du génie, Saxon d'origine, nommé Frank. Pendant un séjour de dix années, cet habile officier a construit à la Goulette un canal encaissé d'environ un mille de long, lequel se prolonge dans la mer avec une superbe jetée du côté du nord. Une écluse, qui peut recevoir de très-gros bâtimens, et qui est placée au centre du canal, empêche l'écoulement des eaux du lac, et les augmente quand la mer est plus élevée; c'est ainsi que se compense l'évaporation considérable des eaux du lac, sans cesse pompées par un soleil brûlant. Le colonel Frank a encore construit un port encaissé, carré, assez vaste et profond de vingt pieds, dont l'entrée est à côté de l'écluse en remontant le canal. Il contient toute la marine du Bei, qui consiste en plus de vingt-cinq bâtimens de guerre, dont une frégate et huit corvettes; il peut en outre recevoir plus de trois cents bâtimens marchands. Au fond de ce beau port, il existe un petit bassin de forme parallélogramme, destiné à contenir les quatre-vingts chaloupes canonnières du Beï après leur désarmement.

De l'autre côté du canal, se trouvent les restes de l'ancien fort de la Goulette, qui ont été réparés. Cet ouvrage sert à la défense du port, ainsi que quelques batteries qui y ont été placées depuis peu de tems.

ingénieurs. En mettant le lac à sec, le projet était de tracer, dans une ligne prise sur son em-

---

De ce même côté, et en arrière du fort, le Beï a fait tracer le plan d'une petite ville destinée au logement des employés et ouvriers de l'arsenal de marine; bientôt une foule de familles, attirées par les avantages que promet l'heureuse situation de cette nouvelle cité, viendrout sans doute en augmenter la population.

Le port de la Goulette vient d'être entouré d'un mur de clôture, dans l'enceinte duquel seront compris le chantier (où déjà deux frégates sont en construction), la maison du gouverneur, et les magasins immenses destinés à recevoir les approvisionnemens, les calfats, voiliers, cordiers, peintres, etc.

Du côté de la mer, le port est défendu par une longue batterie en rideau, à l'extrémité de laquelle a été élevé un fort carré, qui forme l'angle du mur de clôture du port.

Il y a, du côté de la ville de la Goulette, une belle et vaste boulangerie, et, en face de l'entrée du port près de l'écluse, une belle fontaine, construite pour la commodité des bâtimens qui veulent faire de l'eau.

Dix ans ont suffi à M. le colonel Frank pour faire d'une plage aride et sablonneuse un port et un arsenal supérieurs à ceux de Villefranche, près de Nice. Les succès que cet ingénieur a obtenus sont d'autant plus méritoires, qu'il n'a eu, pour le seconder, que des esclaves, des Turcs et des Maures, qu'il lui a fallu former à des travaux entièrement nouveaux pour eux. Le Beï,

placement, un canal assez profond pour recevoir et conduire les vaisseaux chargés jusqu'au pied de la ville, où l'on aurait alors creusé un beau port, destiné à recevoir, non-seulement les bâtimens de commerce, mais encore les armemens de guerre de la régence. Des obstacles de plus d'un genre ont empêché l'exécution de ce plan, vraiment digne d'un souverain : le desséchement du lac fut jugé capable d'infecter l'air; et, au moment où l'on sortait à peine d'une peste effroyable, on craignit de courir les chances d'un second fléau du même genre. Les ingénieurs hollandais avaient d'ailleurs déclaré que ce travail exigerait dix années entières, l'emploi des bras de dix mille esclaves, et une dépense considérable

---

malgré sa parcimonie accoutumée, l'a récompensé généreusement, et lui a même donné, à son départ, une marque de satisfaction à laquelle les mœurs du pays donnent un très-grand éclat, en lui accordant gratuitement la liberté de trois esclaves napolitains qui le servaient; faveur que la philanthropie du colonel dut lui rendre la plus précieuse de toutes. M. Frank a emporté avec lui les regrets de tous ceux qui l'ont connu. Une généreuse hospitalité n'était pas la moins recommandable de ses nobles qualités.

L'arsenal de *Porto-Farina* n'existe plus : tout ce qu'il renfermait a été transporté à la Goulette.

(*Note du Traducteur.*)

pour la main-d'œuvre, outre le prix des matéraux.

Il fallut donc abandonner ce plan, et le Beï se contenta de faire faire un petit port à la Goulette. Là, les bâtimens d'une faible portée remontent un beau canal en pierre, qui contient en tout tems quinze pieds d'eau.

Dans cet état, le port de Tunis n'étant pas assez commode pour les armemens de guerre, ceux du Beï vont chercher un asile plus sûr à *Porto-Farina*. Les bâtimens de commerce qui chargent ou déchargent à Tunis, se tiennent en rade, dans un bon mouillage de cinq à sept brasses de profondeur, et font servir au transport de leurs cargaisons de gros bateaux à voiles latines et à rames, appelés *sandals*, qui tirent assez peu d'eau pour pouvoir naviguer sur le lac, et qui vont prendre ou déposer les marchandises jusqu'au pied même de la ville. Les bâtimens qui veulent mouiller au port de la Goulette en ont la faculté, moyennant un droit d'ancrage de trois piastres d'Espagne (un peu plus de 15 francs) par jour; mais il y a très-peu de capitaines qu'une taxe aussi forte ne détourne de profiter de cet avantage.

On dit que, dans un tems, les Français avaient offert au Beï de faire exécuter le port tel qu'il le désirerait, sous condition de leur accorder le privilége exclusif du commerce dans ses états ; mais on ajoute qu'il rejeta cette proposition (1).

Le lac entre Tunis et la Goulette est de forme ovale, et peut avoir vingt milles de tour (2). Le peu de poisson qu'on y pêche est d'une mauvaise qualité. Les oiseaux qui en couvrent la surface sont de l'espèce ordinaire de ceux qui fréquentent les mers ; on y voit en outre un grand nombre de flamans. C'est un bel oiseau de la grosseur d'un cygne (3), et qui habite le lac pendant toutes les saisons. On fait monter la population de Tunis à plus de cent cinquante mille ames, et l'on estime qu'elle s'élevait à trois cent mille avant la grande peste, qui a réduit ce nombre d'environ cent trente mille ; mais il est fort difficile d'établir, avec quelque certitude, un calcul de ce genre. Quoi qu'il en soit, cette ville est

---

(1) Le fait est faux, et l'auteur a bien fait de ne le donner que comme un *on dit*. (*Note du Traducteur*.)

(2) J'ai parcouru en une heure un quart, et avec une légère brise, la distance qui sépare Tunis du fort de la Goulette ; j'étais dans la chaloupe du vaisseau de S. M., le *Pylade* ; l'officier qui la commandait estima que nous avions fait quatre milles à l'heure.

(3) C'est-à-dire, de celle d'une cigogne ordinaire.
(*Note du Traducteur*.)

excessivement populeuse; mais, dans les pays soumis au culte mahométan, la superstition ne permet pas les dénombremens. Pour moi, si j'en juge d'après les autres villes turques que j'ai vues, je croirais que Tunis ne contient pas au-delà de cent mille habitans (1). Pour se former une idée nette là-dessus, il faudrait visiter (2) l'intérieur des maisons qui sont remplies de monde, quoique petites; mais un Chrétien ne pourrait exécuter cette entreprise, même rapidement, sans exciter le mécontentement du peuple et les soupçons du gouvernement, dont les espions sont toujours aux écoutes. Plusieurs milliers d'habitans quittent rarement leurs maisons, à moins d'une nécessité absolue.

Le climat de Tunis est un des plus beaux du monde. Le sol pourrait produire abondamment la plupart de ces riches denrées que l'Europe va

---

(1) Voir la note ci-dessus, page 4¹.
(*Note du Traducteur.*)

(2) Par *visiter*, l'auteur a sans doute voulu dire *prendre des informations*, car toute *visite* est rigoureusement impossible : un Chrétien ne pourrait, sans risquer sa vie, dépasser le seuil de la porte d'un Maure, fût-il son ami, à cause de la probabilité d'y rencontrer des femmes.
(*Note du Traducteur.*)

chercher si loin. Toute la côte de Barbarie est susceptible de la culture du sucre, du coton et des épices (1) de presque toutes les espèces. On pourrait, avec peu de peine, y élever la soie et l'indigo. Le terroir, dans toute l'étendue du royaume, est d'une extrême fertilité, et rend au laboureur dans une proportion étonnante, presque sans culture. Dans les bonnes années, le district de l'Est donne jusqu'à cent pour un.

A quelque distance de la ville et du lac, l'air des environs de Tunis est d'une parfaite salubrité.

Il est à remarquer que, dans presque toute l'étendue du pays, l'eau des fontaines est chaude et saumâtre ; mais il y a aussi quelques sources d'une eau pure et excellente, notamment à

---

(1) J'ai entendu dire à un Hollandais, fort instruit sur cette matière, que le café ne pourrait se cultiver en Barbarie, parce qu'il y tombe de tems en tems de la neige, qui en est l'ennemi le plus dangereux. Il est de fait qu'il neige quelquefois dans les plaines de Numidie, et régulièrement tous les ans sur les montagnes ; mais la gelée y est inconnue. Je n'ai pas été à même de faire des essais sur le café ; mais quant au coton, j'en ai élevé, sans peine et sans culture, dans mon jardin, et je le crois comparable aux plus belles qualités qu'on en recueille à Naples et au Levant. Je ne doute pas qu'avec l'aide de bons plants on ne réussît à s'en procurer d'égal à celui des îles.

Zaouàn; c'est ainsi qu'on nomme le lieu qui fournissait à Carthage l'eau qu'elle recevait de soixante milles de distance par un aquéduc composé de milliers d'arches. L'eau qu'on boit à Tunis est celle que les pluies d'hiver rassemblent dans les citernes. Chaque maison a la sienne, et la disposition des toits en terrasse ne laisse pas perdre une goutte d'eau.

Il s'en faut de beaucoup que toutes les villes du royaume jouissent, comme la capitale, de l'avantage de posséder de bonne eau : dans plusieurs de celles de l'intérieur, les habitans n'en ont point d'autre que celle de leurs fontaines; l'habitude même la leur fait préférer, toute saumâtre qu'elle est, à de l'eau douce et pure, et ils n'en éprouvent aucun effet fâcheux.

Les sources chaudes offrent des bains renommés pour la cure d'un grand nombre de maux; quelques-unes sont d'une chaleur égale à celle de l'eau bouillante.

Pendant l'été et l'automne, il pleut assez rarement; on attend communément les pluies vers le milieu d'octobre; si elles venaient à tomber trop près de la fin de l'année, il y aurait lieu de craindre une mauvaise récolte; si, au contraire, elles commencent en octobre, et que la saison humide continue jusqu'au mois d'avril, le pays jouit d'une prodigieuse abondance : le grain et l'olive récompensent les travaux du laboureur; la nature étend les plus riches tapis sur les champs, et les troupeaux paissent au sein de la fertilité.

C'est vers la fin d'avril que la moisson commence dans le district de l'Est. Dans celui de l'Ouest, moins fertile, elle se fait près de deux mois plus tard.

Le contraste est complet lorsque la pluie vient à manquer jusqu'au mois de janvier. La terre devient sèche et stérile; l'olive ne croît que petite et ridée, et les troupeaux périssent faute de pâturages. C'est ce qui arriva pendant l'horrible famine de 1805 : hommes et bêtes mouraient par milliers.

Dans les parties les plus méridionales du royaume, la pluie est fort rare, particulièrement dans le *Beled-el-Dgérid*, ou pays des dattes, comme son nom l'indique. Le palmier demande beaucoup d'eau, et cependant la plus petite ondée ferait périr le fruit. Il faut donc l'arroser à la main ; et dans ce pays, où les rivières fournissent aux besoins des habitans, l'eau est tellement chaude, qu'il faut la tirer plusieurs heures à l'avance pour pouvoir la faire servir aux usages de la culture. Par une singularité remarquable, ces rivières, dont l'eau est assez chaude pour qu'on n'y puisse tenir la main qu'avec peine, abondent en poisson, qu'à la vérité on dit n'avoir aucun goût. Outre la chaleur, elle a encore une saveur saumâtre.

Le gros bétail des environs de Tunis ne mérite guère ce nom : les vaches ressemblent, autant par leur petitesse que par le goût de leur chair, à celles que l'Angleterre tire de l'Ecosse. Le mouton de Tunis est peu estimé; la race est toute entière de l'espèce à large queue, et la chair sent fortement la laine (1); l'agneau toutefois est beaucoup meilleur. Le peuple des campagnes, peu délicat sur le choix des alimens, mange beaucoup de chèvres.

Tout le pays abonde en gibier; la perdrix rouge y est surtout fort commune, mais elle a peu de goût. Généralement le gibier et le poisson sont d'une qualité médiocre.

Il faut croire que la race des chevaux barbes n'habite plus les mêmes lieux : il est rare d'en voir à Tunis, même de passables. Les jumens cependant sont en général bien faites, et sem-

---

(1) La viande est mauvaise en Barbarie, parce qu'on n'y est pas dans l'usage de châtrer le bétail. Des essais en ce genre m'ont prouvé qu'on pouvait s'y procurer au moins d'assez bon mouton, exempt même du goût de laine.

(*Note du Traducteur.*)

bleraient comme d'une espèce différente; mais elles sont de beaucoup inférieures à celles d'Europe, surtout à celles d'Angleterre.

Les mules sont bonnes à Tunis ; on les dresse à une espèce d'amble, en leur attachant un des pieds de devant à celui de derrière du même côté ; par-là on les force à les mouvoir ensemble, et il en résulte pour le cavalier une allure prompte et commode.

Les ânes sont aussi fort bons et très en usage.

Ces trois espèces d'animaux sont d'un prix très-élevé : un bon cheval coûte depuis sept cents jusqu'à mille piastres du pays (1) ; une bonne mule ne vaut pas moins, souvent davantage, et un âne va quelquefois de quatre cents à quatre cent cinquante piastres.

Les chameaux sont d'un grand usage dans tout le royaume ; ces animaux sont assurément les plus utiles de tous en Barbarie, et les plus propres à la nature du climat, par la faculté qu'ils offrent de transporter des fardeaux considérables, comme par le peu de soin et de frais qu'exige leur nourriture.

---

(1) La piastre de Tunis, qui est la même qu'en Levant, vaut de trente à trente-quatre sous.

(*Note du Traducteur.*)

Les dromadaires sont aujourd'hui fort rares (1). Le Beï s'en servait autrefois pour monter ses courriers ; mais il semble que la race de ces animaux soit comme perdue. Le pas auquel on dresse les mules est naturel aux chameaux et aux dromadaires ; ces derniers le poussent à un degré de vitesse étonnant.

Autrefois, à Tunis, on vivait à peu de frais ; mais, la guerre avec Alger ayant interrompu les communications entre les deux pays, et l'importation des vivres, particulièrement celle du bétail, ayant cessé, le prix des denrées s'est accru

---

(1) Il faudrait savoir ce que l'auteur entend par *chameau* et par *dromadaire*, et je ne sais si l'on est bien d'accord en Europe sur l'application de ces deux noms. Selon Buffon, le chameau (d'Asie) a deux bosses, et le dromadaire (d'Afrique) n'en a qu'une. Cette dernière espèce est la seule que j'aie vue en Barbarie. Il est vrai qu'on l'y nomme *dj'mel*, qui paraît signifier chameau. Le docteur Shaw dit qu'on l'appelle aussi *maihari* ; mais il faut que cette dénomination ne soit guère en usage, car je n'ai jamais trouvé d'Arabe ou de Maure qui la comprît. Il se peut que le mot de *maihari* appartienne à la langue bérébère, qui est celle des montagnards de l'Atlas, et qui pourrait bien être la même que la numide ou punique ; elle diffère entièrement de l'arabe et du patois barbaresque.

(*Note du Traducteur.*)

du double : jadis un bon bœuf (1) coûtait de vingt à vingt-cinq piastres ; aujourd'hui il faut le payer de cinquante-cinq à soixante. Un mouton, qu'on avait pour cinq piastres, en vaut actuellement vingt et au-delà (2).

---

(1) Ou plutôt taureau, car on ne châtre point les bestiaux en Barbarie. (*Note du Traducteur.*)

(2) Il faut que cette guerre ait été bien funeste aux deux partis, car elle a eu précisément les mêmes résultats à Alger : le bœuf, qu'on payait deux sous six deniers la livre en 1800, en coûtait huit et neuf en 1810. Il semblerait que la privation d'un débouché pour les bestiaux dût en faire baisser le prix à Alger ; mais c'est le contraire qui est arrivé. A la vérité, les Anglais, pendant la dernière guerre, s'approvisionnaient le plus qu'ils pouvaient dans la province de l'Est pour le service de leurs escadres ; mais la quantité de bétail qu'ils enlevaient de *Bona* (Hyppone) ne compensait que bien faiblement l'ancienne exportation, comme on peut croire. Au reste, la guerre que se font les deux régences n'est que d'amour-propre et de pur entêtement, comme tant d'autres. Depuis long-tems, Tunis était assujetti envers Alger à un tribut annuel consistant en un bâtiment chargé d'huile pour la consommation des casernes. Le Beï, s'étant ravisé dans un moment où le Deï n'était pas peu embarrassé de la révolte d'un *M'râbout*, espèce d'hermite qui prêchait une nouvelle loi dans les environs de Djidjéli (Gigéri), voulut s'affranchir de cette

L'importation qui avait lieu de la province de Constantine, pendant les trois quarts de l'année, faisait entrer dans l'état de Tunis dix mille bœufs et vingt mille moutons par mois (1); mais, depuis deux ans, cette ressource a manqué par l'effet de la guerre. Pour empêcher la destruction du bétail, le Beï a défendu de tuer les vaches et les brebis dans toute l'étendue de pays soumise à sa domination.

---

obligation humiliante. *Indè iræ.* Cette guerre ridicule, où chacun des deux partis craint d'attaquer l'autre, dure encore ; et le Beï de Tunis, autrefois tremblant au seul nom des Algériens, paraît disposé à tenir bon. Il en a été quitte pour la prise d'une frégate qui lui a été enlevée il y a trois ans. (*Note du Traducteur.*)

(1) Je crois ce nombre extrêmement exagéré, surtout celui des bœufs : on consomme peu de ceux-ci dans les états Barbaresques ; et, si l'on en excepte les Juifs et une caste d'Arabes nommés *M'zabis*, les naturels du pays font peu de cas et d'usage de la chair de ces animaux.

CHAPITRE VIII.

Antiquités du royaume de Tunis.

Le royaume de Tunis fournit une riche matière à la curiosité du philosophe et de l'antiquaire; mais la nature du pays et la défiance inquiète du gouvernement rendent les voyages dans l'intérieur difficiles et dangereux. Entre Tunis et le cap Carthage, l'espace est entièrement couvert de vestiges d'antiquités. Les ruines de l'immense aquéduc qui apportait l'eau à Carthage des montagnes de *Zaouàn*, marquent encore l'emplacement qu'occupait cet édifice depuis le réservoir où l'eau venait se rendre, jusqu'au lieu même où elle prenait naissance. Cette distance est circulairement de soixante milles, et n'est guère plus de la moitié en ligne droite. Les citernes existent encore; celles qui recevaient l'eau de l'aquéduc servent aujourd'hui de retraite aux misérables *Bédaouis* (Bédoins) qui peuplent cette partie du territoire.

Celles qu'on appelle petites citernes, et qui servaient probablement à recueillir l'eau de pluie, sont encore, en plusieurs endroits, dans un assez bon état de conservation. A peu de distance, et en tirant vers la mer, on voit les ruines d'un temple immense dont il ne reste plus que les décombres, si l'on en excepte des galeries souterraines, qui, bien que comblées presque entièrement par la terre que les pluies d'hiver y précipitent depuis tant de siècles, permettent encore au voyageur de s'y engager fort avant dans la direction de la mer. Il est cependant dangereux d'entreprendre de les parcourir, tant par les raisons que j'ai indiquées plus haut, qu'à cause de la multitude de serpens et de scorpions dont le pays est infesté. En ne s'avançant qu'autant que la prudence le permet, on peut reconnaître, par l'écho prolongé qu'y produit un coup de fusil, que ces galeries s'étendent beaucoup plus loin. Tout l'emplacement qu'occupait Carthage est couvert de ruines souterraines.

Il n'y a pas long-tems qu'on a découvert un édifice composé de plusieurs appartemens, et assez bien conservé; on voit encore des peintures au plancher d'une des chambres. Le pays ne produisant point de beau marbre, il est présumable que Carthage n'était bâtie que de petites pierres et de mortier. Les vestiges qui restent confirment cette conjecture. On objecte que tous les marbres qui servaient de revêtement aux aquéducs et aux temples ont été enlevés pour servir à bâtir les palais des princes maures. En ce cas, il faut que les quantités de marbre aient été bien médiocres, si elles n'ont suffi qu'à ériger ces misérables édifices. Les champs sont couverts de petites portions de porphyre et de verd-antique de la dimension d'un demi-pouce d'épaisseur et de deux à trois pouces en carré; les murailles en étaient probablement incrustées, et il paraît que les arches supérieures étaient revêtues d'une mosaïque grossière, dans quelques endroits de marbre; dans d'autres, de composition.

Le Beï entretient près des citernes inférieures un petit fort qui porte le nom de Saint-Louis. Dans le village de *Sidi-bou-Saïd*, situé sur le sommet de la montagne de Cap-Carthage, on voit la tombe où saint Louis fut enterré; elle sert aujourd'hui de tour pour les signaux. Le mont *Gamart*, à l'ouest de Cap-Carthage, offre encore les traces reconnaissables d'une ancienne et vaste catacombe; mais personne n'ose y pénétrer, quoiqu'elle soit ouverte en différens endroits.

Sur la montagne de *Zaouàn*, qui fournissait de l'eau à Carthage, on voit les magnifiques ruines d'un ancien temple ; et à Utique (aujourd'hui *Porto-Farina*), celles d'un édifice qu'on dit être le palais habité par Caton.

Les médailles, surtout celles de Rome, ne sont pas rares dans le pays, non plus que les pierres gravées. Mais les Chrétiens établis à Tunis en font l'objet d'une spéculation si active, qu'on ne peut s'en procurer, même de communes, qu'à des prix très-élevés. Il n'y a pas un cuisinier qui ne s'avise de faire le commerce des antiques ; et les collections faites par des gens de cette classe, souvent égales à celles de leurs maîtres, n'ont pas coûté de moindres sommes.

L'ingénieur hollandais, dont j'ai déjà parlé, a une fort belle collection, tant de médailles que de pierres ; il possède aussi diverses inscriptions, qu'il a dessein de mettre au jour. L'ouvrage qu'il médite ne peut manquer de piquer la curiosité, étant le fruit de dix années d'observations recueillies avec l'intention de les publier. M. Lunby, consul danois, se propose de faire paraître incessamment un ouvrage sur l'état ancien et moderne du royaume de Tunis. Cette production excitera sans doute beaucoup d'intérêt, à en juger par les vastes connaissances classiques de son auteur ; et si M. Tulin, consul-général de Suède, voulait faire graver les charmantes vues qu'il a dessinées pendant trente-cinq ans de résidence à Tunis, ce serait pour le public reconnaissant un présent d'une espèce peu commune (1).

---

(1) L'auteur passe sous silence la superbe collection de M. Adanson, chancelier de France à Tunis, mort il y a douze ans; on la regardait comme une des plus considérables, surtout en histoire naturelle. A la mort de ce savant, cette collection a été dispersée, et il est probable qu'elle a servi à former en partie celles dont il est ici question; elle était le fruit de recherches qui avaient duré autant que la vie de M. Adanson.

(*Note du Traducteur.*)

CHAPITRE IX.

Des esclaves chrétiens à Tunis, et des nations auxquelles ils appartiennent. — Échanges et rançons. — Un grand nombre de captifs pris sous les couleurs anglaises.

Au commencement du règne de *Hamoüda*, le nombre des esclaves chrétiens à Tunis s'était considérablement accru. Le Beï était jeune, et son humeur militaire le portait à faire une guerre active aux nations européennes qui avoisinent ses états, et qu'il savait trop bien n'être pas en état de lui résister. Il encouragea ses sujets à la course, et arma ses propres corsaires. Un grand nombre de Chrétiens, dressés à manier l'aviron, montaient ses galères, enchaînés sur les bancs, et les Maures féroces emmenaient en captivité une foule d'individus des deux sexes. Ils prirent d'assaut la petite île de Saint-Pierre, appartenant au roi de Sardaigne, et conduisirent à Tunis la totalité des habitans. Ces malheureux étaient à peu près au nombre de mille, la plupart femmes et enfans.

Aujourd'hui, que presque tous les états situés sur la côte septentrionale de la Méditerranée, et qui autrefois faisaient la guerre aux Barbaresques par préjugé de religion, sont sous la domination de l'Angleterre ou de la France, il n'y a plus qu'un très-petit nombre de puissances en guerre avec les régences, et les sujets qui leur appartiennent ont été arrachés à l'esclavage (1).

---

(1) Il y a deux inexactitudes dans ce paragraphe: 1°. Ce ne sont pas les petites puissances d'Italie qui font la guerre aux Maures par *esprit de religion* ; ce sont au contraire les Barbaresques qui entretiennent avec ces états une guerre perpétuelle où le fanatisme a bien quelque part, mais où la cupidité en a une bien plus grande. 2°. Comme l'auteur parle de la Barbarie en général, il est bon de remarquer que Naples, qui a un traité avec Tunis, n'en a point avec Alger. A la vérité, les corsaires du Deï respectaient depuis quelque tems la navigation napolitaine, mais ce n'était qu'en vertu d'une simple convention tacite faite avec l'agent français, et révocable à volonté. La Sicile, malgré la protection des Anglais, n'a pu jouir du même privilége. Il n'y a que trois ans que le Portugal a conclu la paix avec les Algériens; cette puissance entretient aujourd'hui un vice consul auprès du Deï. Depuis les événemens qui ont soustrait l'Italie à l'influence de la France, la régence d'Alger a repris son ancien système. (*Note du Traducteur.*)

Le roi de Sicile et celui de Sardaigne sont les seuls souverains chrétiens actuellement en guerre avec Tunis ; et, comme ces deux royaumes sont sur le point d'être engouffrés dans la domination des grandes puissances qui se disputent en ce moment l'empire, il est présumable que le reste des malheureux esclaves ne tardera pas à être délivré par ces puissans protecteurs.

L'infortuné roi de Sardaigne n'a cessé de faire tout ce qui dépendait de lui pour racheter ceux de ses sujets qui tombaient au pouvoir des ennemis : tous ceux qui avaient été pris à l'île de Saint-Pierre ont été délivrés il y a déjà quelques années, et aujourd'hui le nombre des esclaves de cette nation à Tunis ne s'élève pas au-dessus de vingt-cinq. Le roi est dans l'intention de payer leur rançon, et il vient d'arriver un bâtiment frété pour cette bonne œuvre, ayant à bord les Maures qui étaient captifs dans l'île de Sardaigne, et la somme nécessaire pour balancer la différence ; car, quoique le nombre des Maures soit égal à celui des Sardes, l'usage à Tunis est d'exiger cinq Musulmans pour deux Chrétiens. Cette proportion une fois établie, chacun de ces derniers qui se trouvent en plus doit être payé à raison de onze cents piastres, sans distinction d'âge ou de sexe. Quelquefois aussi la rançon est fixée à un prix beaucoup plus élevé ; mais c'est lorsqu'il s'agit de la délivrance d'un esclave qui a un rang, de la fortune, ou quelque talent particulier (1).

Le roi de Naples forme un contraste frappant avec le bienfaisant roi de Sardaigne, et déploie à l'égard de ses sujets *la même bassesse de sentimens qui a signalé toute sa conduite.* Lorsqu'une infortunée vient se jeter à ses pieds pour lui demander la liberté d'un père de famille dans les fers, ON DIT que sa réponse est : « *Ne pouvez-vous trouver un autre mari qui vaille*

---

(1) Le prix d'un esclave dépend des circonstances. Un consul du Nord, qui a eu l'art d'attirer à lui le rachat des Siciliens, s'est mis sur le pied de les payer trois cents sequins vénitiens, ou environ deux mille six cents piastres de Tunis par tête, somme qu'il a consentie bien moins par nécessité que pour complaire au Beï. Les Français, en général, donnent moins de deux mille piastres, et le consul anglais ne donne pas au-dessus de quinze cents. Il y avait nombre d'enfans parmi les Sardes.

Observation du Traducteur.

L'auteur, qui ne nomme point ici le consul en question, s'en dédommage plus loin dans un passage où il le traite sans le moindre ménagement pour son caractère, et que j'ai supprimé. Je renvoie le lecteur à la note de la page 45 pour l'*errata* qu'exige le prix des rançons tel que l'auteur l'établit ici.

celui-là? » Et si c'est un époux qui sollicite la délivrance de sa compagne captive, il est barbarement accueilli par ces mots : « *Les femmes sont-elles donc si rares dans mes états ?* (1) »

---

(1) Le roi Joachim a répondu à cette indécente diatribe, en traitant avec la régence de Tunis et en envoyant un consul général pour résider auprès du Beï. Ce prince a été moins heureux à Alger, sans doute à cause du prix énorme auquel est fixé le prix des esclaves : croirait-on qu'il s'élève de *onze à douze milla francs* pour un misérable pêcheur, au double pour une paysanne ou pour un patron de barque, au triple, et même à une somme indéfinie, pour un capitaine marchand, un prêtre, ou tout autre individu supposé *cavallero*, comme on dit dans le pays ? Or, il n'y a pas moins de six cents Napolitains esclaves à Alger ; et, quoique le prix des rançons soit susceptible d'être réduit à moitié lorsqu'il est question d'un rachat général, on voit qu'il en coûterait fort au-delà de trois millions pour l'objet principal, sans compter les frais de négociation, etc. De plus, la conclusion de la paix n'aurait pas lieu sans la stipulation d'un fort tribut annuel, de l'envoi d'un consul, etc.; et Dieu sait ce que c'est qu'une paix avec les Algériens ! Ce serait perpétuellement à recommencer. Le Roi de Naples avait remis à des tems moins désastreux une tentative dont l'exécution, à n'envisager la chose que sous le point de vue le moins honorable pour ce prince, aurait eu l'important résultat de populariser son nom, et de lui ac-

Le nombre des sujets de ce prince qui gémissent dans les fers à Tunis s'élève à près de deux mille,

---

quérir de nouveaux droits à l'amour de ses sujets.

Qu'ont fait les Anglais, maîtres absolus de la Sicile ? Ils ont profité de *la crainte qu'ils inspirent à Tunis* pour en tirer quelques bœufs, et non pour délivrer une centaine d'esclaves pris sous leur pavillon ; ils ont calculé une dépense de deux cent mille francs, et ils ont mis la chair humaine en balance avec de la viande de boucherie ! Que dire à présent de l'humanité anglaise, et de l'usage que le gouvernement britannique fait de son influence *et de la crainte qu'il inspire*? Je pourrais me livrer ici à toute mon indignation, et dévoiler tout ce qu'a d'odieux la politique des Anglais à l'égard des Barbaresques ; mais je me contrains, et j'aime mieux rendre à cette nation la justice qu'elle refuse aux autres : quelques rachats partiels ont eu lieu en Barbarie, par les soins des agens et commandans anglais ; ce fut, il est vrai, sans bourse délier ; mais le rôle de libérateur a toujours été honorable, et il est beau de faire servir son influence au soulagement de l'humanité, même en épargnant les sacrifices. Moins prévenu que l'auteur anglais, je passerai sous silence des actes révoltans dont j'ai été témoin, et je me hâte de reconnaître que c'est à l'influence britannique que cinq cents Portugais, esclaves à Alger, sont redevables de leur liberté à des conditions raisonnables. Parmi ces malheureux, il y en avait bon nombre qui comptaient trente années d'esclavage.

(*Note du Traducteur.*)

et, il faut l'avouer avec autant de douleur que de honte, au-delà de cent de ces malheureux ont été saisis naviguant sous le pavillon britannique. C'est en vain que le consul d'Angleterre a tout mis en usage pour obtenir leur liberté : ses efforts ont été traversés par d'autres agens influens dans la Méditerranée, qui, par l'effet d'une étrange politique, semblent craindre d'offenser les régences barbaresques, tandis que celles-ci refuseraient jusqu'à un bœuf pour préserver nos escadres de la famine, si la crainte ne les forçait à leur permettre de s'approvisionner. C'est ainsi que ces malheureux restent dans l'esclavage, et que leur présence à Tunis accuse la nation anglaise aux yeux de ceux qui connaissent leur infortune (1).

Dans le nombre des individus qui portent la peine de cette indifférence, on compte plusieurs dames de qualité, particulièrement une Sicilienne et ses cinq filles, qui sont actuellement au pouvoir du *Kiahia* de *Porto-Farina*, premier ministre de la marine du Beï. Ces jeunes infortunées étant dans l'âge de plaire, leur mère

---

(1). Cette période m'a d'abord présenté quelque obscurité; mais la suite me l'a fait comprendre. Pour l'intelligence de ce passage, je renvoie le lecteur à la note de la page 140.

a eu la douleur de les voir succomber à la brutalité de ce barbare. Une d'elles a été victime d'une mort prématurée (1). Mais les monstres qui les retiennent en captivité n'ont nulle horreur de semblables crimes, et les gémissemens de la veuve et de l'orphelin ne sauraient toucher ces ames dépravées.

La destinée des femmes qui ont le malheur de tomber au pouvoir des Maures est digne de compassion; celle des jeunes garçons est plus déplorable encore.

Néanmoins, s'il était possible d'écarter cette idée repoussante, il faudrait avouer que le sort des esclaves à Tunis n'est pas absolument malheureux : on les emploie, dans la maison de leurs maîtres, à des occupations domestiques, ou à tel ouvrage que leur profession primitive leur rend familier ; ils sont rarement punis, et seulement dans le cas d'une faute grave (2). Beaucoup

___

(1). Depuis que ceci est écrit, le *Kiahia* a jugé convenable à ses intérêts de faire présent à M. Oglander, consul britannique, de la mère et de l'une des filles; mais il reste encore trois de ces dernières en captivité.

(2). Le baron de Tott, dans ses *Mémoires*, critiqués avec trop de sévérité par M. Peyssonel, fait à ce sujet une réflexion pleine de sens : « Il faut l'avouer, dit-il; » les Européens sont les seuls qui traitent mal leurs

d'entre eux sont employés au jardinage chez leurs patrons; d'autres ont la permission de servir les Chrétiens qui sont eux-mêmes au service du Beï. Il y a à Tunis un hôpital pour les esclaves malades. En général, ils sont bien nourris, bien vêtus, surtout ceux qui appartiennent à des personnes de considération; il y en a même qui portent des habits aussi riches qu'élégans (1).

Quantité d'esclaves ont renié depuis peu; à aucune époque antérieure on n'en avait vu un

---

» esclaves, et cela vient de ce que les Orientaux amas-
» sent pour les acheter, et que nous les achetons pour
» amasser. Ils sont en Orient la jouissance de l'avare,
» et chez nous l'instrument de l'avarice. Qu'on trans-
» porte en pays neutre un esclave de nos colonies avec
» un européen esclave à Tunis : c'est à ce tribunal que
» je vous cite. » *Tome* 4, *page* 185.

(*Note du Traducteur.*)

(1) A Alger, où l'on défend sévèrement aux Maures, autres que ceux qui exercent un emploi dans la marine ou le gouvernement, l'usage des broderies en or, il n'est pas rare de voir les esclaves qui leur appartiennen porter des vêtemens richement brodés; il l'est encor moins de rencontrer l'insolence sous la livrée de l'es clavage, comme si ces malheureux se glorifiaient d l'état abject, mais en effet plus que supportable, auqu ils sont condamnés.

(*Note du Traducteur.*)

aussi grand nombre renoncer à leur religion. La plupart de ces nouveaux renégats sont napolitains, et l'on attribue cette circonstance au peu d'espoir qu'ils ont dans l'humanité de leur souverain. Il faut louer les Français de leur empressement à délivrer tous les esclaves appartenant aux pays qu'ils ont ajoutés à leur domination. Il n'y aurait donc pas lieu d'être surpris si les Siciliens accueillaient avec reconnaissance dans leur île ceux qui rendraient à la liberté et à leur patrie des parens, des frères, des époux, des enfans, jusqu'ici condamnés à l'esclavage (1).

---

(1) Je remercie l'auteur anglais de ce trait de sincérité : il donne ici lui-même, et presque sans y songer, le contre-poids le plus puissant qu'il soit possible d'opposer à ses injustes préjugés.

(*Note du Traducteur.*)

CHAPITRE X.

Des revenus de la Régence de Tunis; sources dont ils proviennent.

On a fait nombre de conjectures pour se procurer une évaluation des revenus de la régence de Tunis; on les fait monter à vingt-quatre millions de piastres du pays (1). Quels qu'ils aient été dans les anciens tems (et l'on peut assurer qu'ils n'ont jamais approché jusqu'ici de cette somme, même au tems où le commerce était le plus florissant), il est certain que les sources régulières où le fisc va puiser ne fournissent pas le quart de ce produit.

Les sources que j'appelle *régulières* sont : les dîmes sur la culture des oliviers, du grain, et de tous les autres objets que fournit le sol; les

---

(1) Environ quarante millions de francs.
(*Note du Traducteur.*)

droits perçus sur la délivrance des *tèskèrès*, ou congés pour l'exportation de ces produits, et sur l'entrée des vins et eaux-de-vie; les douanes, qui sont annuellement affermées à l'enchère; le privilége exclusif accordé pour le commerce des denrées du pays; la finance des gouvernemens et emplois; la capitation des Juifs, et la vente des esclaves.

Le revenu éventuel consiste en extorsions faites aux particuliers riches, en héritages que le fisc s'approprie par la force, et en profits sur les opérations mercantiles. J'ai déjà eu occasion de remarquer que le Beï est un grand spéculateur; aussi cette branche de son casuel en est-elle la plus considérable.

Il est impossible de déterminer à combien peut monter le trésor du Beï; mais il est indubitable qu'il en a un, et même considérable. Au reste, toute conjecture qui aurait pour objet d'en rechercher la valeur est parfaitement inutile.

On croit que les dépenses de l'état pendant les deux dernières années ont égalé la totalité du revenu; quelques-uns même pensent qu'elles ont pu l'excéder; mais c'est encore une simple conjecture. Ce qu'il y a de certain, c'est que le Beï a dépensé de grosses sommes; car, indépendamment des troupes qu'il lui a fallu mettre en campagne pour faire tête aux Algériens, les fortifications qu'il a fait construire ont considérablement coûté; il a en outre augmenté sa marine d'un grand nombre de chaloupes canonnières pour la défense de ses côtes.

CHAPITRE XI.

Sur quelques coutumes des Maures à Tunis.

Parmi les usages des Maures, il en est peu qui méritent d'être imités ou même remarqués. Leur extrême ignorance les rend superstitieux à l'excès, et ils règlent fréquemment leur conduite sur des présages ou des augures. En matière de religion, ils sont peut-être plus stricts qu'on ne l'est dans aucun pays mahométan. A Constantinople, les mosquées s'ouvrent aux Chrétiens sur un ordre, et même sans un ordre du Grand-Seigneur. A Tunis, elles seraient profanées par la présence d'un Infidèle; on assure même qu'il y va de la vie en pareil cas. Malgré cette intolérance, les temples de Tunis servent de refuge à tous les malfaiteurs, quels qu'ils soient, professant la foi musulmane. Devant ce sanctuaire, la loi demeure sans force, et le coupable peut y rester en sûreté tout autant de tems qu'il lui plaît (1). Dans toutes les parties du royaume,

---

(1) Je crois que l'auteur se trompe, et que tous les

on voit des lieux de prières, ordinairement résidences ou tombeaux de quelqu'un de leurs saints, appelés *m'rábouts*, et presque toujours placés dans les plus beaux sites du pays, à l'exemple des monastères catholiques. Les saints qu'on y révère méritent une mention particulière, comme pouvant fournir des traits décisifs pour achever de faire connaître la superstition de ces peuples.

Les saints en Barbarie sont pour la plupart des êtres privés de sens; ils ont le privilége de commettre impunément toutes sortes d'excès, et, comme on peut croire, beaucoup feignent une folie qu'ils n'ont pas pour pouvoir jouir des

---

lieux saints indifféremment ne servent point d'asile; quant à ceux qui jouissent de ce privilége, il est un moyen très-simple et très en usage de s'assurer du coupable sans porter atteinte à leur inviolabilité. C'est d'y garder le fugitif à vue, et d'empêcher qu'il ne puisse se procurer des vivres du dehors. J'en ai vu des exemples en Barbarie. Ainsi, à proprement parler, les lieux de refuge ne servent d'asile qu'aux individus coupables de fautes légères, et non de crimes capitaux. J'ai même vu à Alger des esclaves chrétiens se réfugier au *M'rábout* pour échapper à la bastonnade; ils doivent cependant s'abstenir d'entrer dans la chapelle, sanctuaire où les seuls Musulmans ont le droit de pénétrer.

(*Note du Traducteur.*)

avantages qu'elle procure. On attribue quantité de miracles à ces personnages révérés, et ce serait encourir le reproche d'impiété que d'élever le moindre doute sur le pouvoir qu'ils ont d'en opérer. Un d'entre eux, mort il y a peu d'années, jouissait de la faculté de visiter le tombeau du prophète à la Mecque (1), et d'en revenir dans l'espace d'une demi-heure; et l'on écoutait avec un pieux recueillement la relation qu'il donnait de son voyage. Un autre accompagna l'armée au printems dernier par ordre exprès du *Saba-taba*, et il n'y a nul doute que l'on ne lui attribue tous les heureux succès qu'elle a pu obtenir. Ce saint renommé a, dit-on, le privilége de faire en une nuit le voyage d'Europe, et d'y tuer de tems en tems deux ou trois centaines d'Infidèles, après quoi il repasse en Barbarie régulièrement avant le point du jour.

Le *mauvais œil* est encore une superstition familière à ce pays, comme à tous ceux qui reconnaissent la loi du prophète. Si quelqu'un vient à faire l'éloge d'un cheval, d'une mule ou

---

(1) S'il s'agit du tombeau de Mahomet, c'est à Médine, et non à la Mecque, que le saint homme faisait son miraculeux pélerinage : Mahomet naquit à la Mecque, et mourut à Médine, où il fut enterré.

(*Note du Traducteur.*)

de quelque autre animal, le propriétaire regarde aussitôt sa bête comme perdue. Un enfant est-il un objet d'admiration? dès ce moment, les parens se persuadent qu'il doit lui arriver quelque malheur. On a peine à croire jusqu'à quel point les Francs mêmes se laissent aller à ces faiblesses. A Constantinople, j'ai connu un Européen, d'ailleurs très-instruit à tous autres égards, mais qui se serait empressé de vendre ou même de donner toute chose qu'il aurait pu entendre louer par des étrangers, s'il les eût soupçonnés d'y avoir arrêté le mauvais œil (1).

Chez les Turcs et les Maures, comme parmi les Chrétiens, c'est un présage funeste que de

---

(1) C'est par ce motif qu'on ne bâtit point de maisons sans placer dans le lieu le plus apparent l'empreinte d'une main, destinée à attirer la maligne influence, comme un paratonnerre absorbe la foudre; une femme en couche fait attacher au plafond la ceinture de son mari par un bout, et se garde bien de quitter l'autre tant que dure le travail, et même pendant un certain nombre de jours après sa délivrance; elle fait aussi suspendre au dessus de sa tête des coquilles d'œuf attachées à des fils. Maures, Turcs, Juifs, et même Chrétiens, surtout ceux du midi de l'Europe, partagent ces superstitions, et un Anglais ou un Français serait fort mal reçu à les tourner en ridicule.

(*Note du Traducteur.*)

se trouver réunis à table au nombre de treize.

Le peuple, en Barbarie, a la superstition de croire, d'après quelque ancienne prophétie, que c'est un vendredi, pendant la prière du milieu du jour, que les Chrétiens s'empareront du pays. D'après cette croyance, les portes des villes se ferment à cette heure, et, pour aucune raison, elles ne s'ouvrent à qui que ce soit. La même prophétie dit aussi que la nation qui doit faire cette conquête sera vêtue de rouge. Il n'en a pas fallu davantage pour faire désigner les Anglais. Ce serait sans doute grand dommage que la prédiction n'eût pas son accomplissement.

Avant qu'une armée se mette en marche, il est d'usage que les astrologues du pays observent le lever d'une certaine étoile. Si cet astre se montre clair et brillant, c'est un présage heureux : on tire le canon, et le camp se forme autour d'un étendard planté à cette occasion. Mais si des nuages ou le brouillard obscurcissent l'étoile qui préside à la guerre, l'augure est réputé fâcheux, et l'on diffère de planter le drapeau jusqu'à ce que le signe soit devenu favorable. Lorsque le camp, qui se forme ordinairement autour du palais du Beï, se met en marche, on sacrifie deux taureaux noirs au moment où le général passe. Cette cérémonie est regardée comme le gage de la victoire, et les *lou-lou-*

lou (1) des spectateurs expriment les vœux que chacun fait pour les succès de ses amis.

L'arrivée des troupes qui venaient de Sfax pour se joindre au camp mérite une mention particulière. Parvenus aux portes de Tunis, les soldats, d'un commun mouvement, posèrent à terre leurs enseignes et leurs armes, et tombèrent à genoux. Après avoir fait leur prière, ils entrèrent en ville. Les dames, rassemblées sur leurs terrasses, saluèrent les nouveaux arrivés de leur *lou-lou-lou*, auxquels les soldats répondirent en déchargeant leurs armes en l'air.

Les Maures de Tunis paraissent moins jaloux de leurs femmes que les Turcs (2). En Levant,

---

(1) C'est le *huzza* des Maures. Ils répètent cette syllabe pendant un tems considérable, et avec une étonnante volubilité.

(2) Il y a une distinction importante à faire entre la jalousie des Orientaux et la nôtre. En Europe, où l'usage n'est pas de garder les femmes à vue, la susceptibilité des maris, combattue par la crainte du ridicule, leur fait éprouver un sentiment de jalousie sans cesse attisé par l'inquiétude. En Orient, rien de tout cela : la jalousie, rassurée par les précautions matérielles que l'usage, les mœurs et les lois autorisent, et auxquelles les femmes se soumettent sans murmure, dort paisiblement au fond du cœur de l'époux, qui quitte sa maison sans nulle défiance, et ne soupçonne pas même qu'on puisse le

le beau sexe est confié à la garde des eunuques; à Tunis, il n'y en a aucun, et l'on ne peut dire que les femmes y soient gardées d'une manière quelconque. Elles sont servies par des esclaves, et, chose surprenante, elles font moins de difficulté de se laisser voir des Chrétiens que des Musulmans. Les dames tunisiennes ne sont point dans l'usage de se couvrir de leur voile en présence d'un Juif ou d'un esclave européen. Serait-ce par une suite du mépris qu'elles leur portent (1)? Un chirurgien européen, attaché au service

---

tromper. Mais s'il vient à acquérir la certitude d'une infidélité, c'est alors que la jalousie l'agite de toutes ses fureurs; et comme le divorce ne satisferait pas sa vengeance, c'est dans le sang des coupables qu'il lave la honte d'un affront. (*Note du Traducteur.*)

(1) A l'égard des Juifs, c'est bien réellement au mépris qui les accable qu'ils sont redevables de ce privilége : l'opinion du pays est qu'un Juif n'est point un homme. Quant aux esclaves chrétiens, c'est un motif plus *humain* qui leur permet l'accès des dames. Celles-ci, à la faveur de la sécurité de leurs époux, se laissent parfois succomber à la tentation du fruit défendu, à l'attrait de la curiosité, et à quelque autre besoin que le climat et l'éducation rendent très-impérieux. Rarement l'époux soupçonne ce qui se passe. On voit qu'en Barbarie, comme en France, il est des grâces d'état pour les maris. (*Note du Traducteur*)

du Beï et de sa famille, était fortement soupçonné d'une intrigue avec une des femmes de ce prince; celui-ci en fut informé, et le délateur promit en même tems de donner des preuves palpables de ce crime. En effet, le lit où les amans avaient couché fut trouvé chaud, et les pantoufles du chirurgien étaient encore dessous; mais le galant avait eu le tems de s'évader par une porte de derrière qui communiquait avec le dehors. Dès le jour même, le Beï fit appeler le chirurgien, lui remit une bourse d'argent, et lui signifia l'ordre de quitter ses états sans délai, parce qu'il ne pouvait répondre désormais de sa sûreté. Quant à la dame, il ne la punit qu'en la chassant pour jamais de son lit (1).

Les Tunisiens ont la singulière coutume d'engraisser les jeunes filles avant de les marier. A peine sont-elles sevrées, qu'on les confine dans de très-petits appartemens; on leur met aux bras et aux jambes de gros anneaux d'or ou d'argent par manière de parure. Si c'est une fille destinée

---

(1) C'est un trait de modération dont peu de Beïs seraient capables. L'auteur a eu tort de reprocher à celui-ci son attachement aux usages des Orientaux, car voilà certes un très-grand pas vers la civilisation européenne. Je ne conseille pourtant pas aux galans de s'y fier.

(*Note du Traducteur.*)

à un homme veuf ou divorcé, on lui passe les anneaux qui ont appartenu à la première femme, et on la nourrit de manière à lui donner le degré d'embonpoint suffisant pour en remplir la capacité. Quelquefois la chose éprouve des difficultés, car il peut arriver qu'une femme peu disposée à engraisser doive succéder à une première d'une complexion toute différente. L'espèce de nourriture la plus propre à produire l'effet désiré est une semence appelée *drough* en langue du pays. Cette graine, indépendamment de la vertu principale qui la fait rechercher, a encore celle d'augmenter considérablement le lait des nourrices en qualité et en quantité. Avec cette plante et le mets national nommé *k'sk'sou*, on gorge, à la lettre, la future épouse, et il arrive quelquefois d'en voir mourir la cuiller à la main (1).

---

(1) On pourra taxer ce fait d'exagération; mais il me paraît vraisemblable : on n'imaginerait pas à combien de moyens les dames maures ont recours pour devenir aussi grasses qu'il est possible : on m'a assuré qu'elles mangeaient jusqu'à de jeunes chiens pour y parvenir. Quoi qu'il en soit, il faut que les recettes qu'elles mettent en usage soient bien efficaces, car rien n'est rare en Barbarie comme une femme svelte; il n'y a point de terme où l'embonpoint doive s'arrêter pour plaire, et le goût pour la graisse est si vif dans ces contrées, que la femme qui en est le plus abondamment pourvue ne

La pluralité des femmes est permise en Barbarie, aussi bien qu'en Levant; ici, comme là, un homme peut épouser quatre femmes, et leur associer autant de concubines qu'il peut ou veut en avoir. Il arrive rarement toutefois qu'un Maure ait plus de deux femmes ensemble; mais comme le divorce est, de toutes les formalités, la plus simple et la plus facile, il peut en changer aussi souvent qu'il lui plaît.

Les Maures témoignent le plus grand respect pour leurs parens morts : les jours de fête, on les voit fréquemment prier sur les tombes de leurs proches, qu'on entretient toujours propres et blanchies à la chaux. Un Infidèle qui oserait y poser le pied courrait risque d'éprouver un rigoureux châtiment de la part de ces fanatiques enthousiastes (1). A Tunis, les tombeaux ne sont point, comme en Turquie, ombragés de cyprès;

---

laisse pas de se surcharger de vêtemens de toute espèce pour ajouter encore l'apparence à la réalité.

(*Note du Traducteur.*)

(1) A Alger, les Chrétiens se promènent paisiblement dans les cimetières : personne ne songe à le trouver mauvais. Il faut seulement éviter trois choses : ce sont de souiller les tombeaux, de s'arrêter trop près d'un enterrement, et d'approcher des femmes que la dévotion et souvent la gourmandise y attirent le vendredi.

(*Note du Traducteur.*)

7.

mais il est d'usage d'y bâtir de petites chapelles ou oratoires.

En Barbarie, les beaux arts sont totalement anéantis; et, à l'exemple de leurs frères, les Mahométans de tous les pays, les Maures s'appliquent à détruire jusqu'aux vestiges d'antiquité que peuvent encore contenir les lieux qu'ils habitent. Ils mettent en pièces jusqu'au plus petit morceau de marbre travaillé qui leur tombe sous la main, se figurant, d'après le poids, qu'il peut contenir de l'argent. Les statues et bas-reliefs échappent rarement à la destruction ou à la mutilation d'après le même motif, et aussi par l'horreur qu'ils ont de l'idolâtrie; car ils supposent, souvent avec raison, que ces figures ont pu servir d'objets de culte. On ne voit point de peintures dans les maisons des Maures, et l'excessive défiance du gouvernement attache à la profession de peintre des vues qui la rendraient dangereuse pour quiconque l'exercerait sans précaution.

La musique des Maures, tant vocale qu'instrumentale, est du style le plus barbare : le braiment d'un âne est agréable en comparaison de leurs chants les plus doux (1).

---

(1) Je ne suis point de l'avis de M. Maggill : la musique d'appartement, quoique très-monotone, est très-

Le Beï de Tunis se réserve seul l'usage d'un carrosse à quatre roues. Les voitures à deux roues sont seules permises aux consuls et aux gens du pays. Depuis quelque tems, *Hamoüda-Pacha* prend plaisir à conduire lui-même son équipage. Le consul américain en avait un fort élégant ; le Beï le vit et en eut envie ; aussitôt il le lui envoya demander sans autre formalité, en lui faisant dire qu'en ayant besoin, il le priait de s'en procurer un autre. Lorsque ce prince trouve quelque chose à sa convenance, il est dans l'usage d'abréger les cérémonies. Dernièrement un marchand de vin avait une excellente mule, que Son

---

douce et très-expressive en Barbarie. A la vérité, les voix sont nasillardes, et la répétition assommante d'un air de deux ou trois mesures pendant des heures entières flatte peu les oreilles musicales. Ce défaut de variété ne doit pas surprendre de la part d'une nation qui ignore l'art de noter, et qui est tellement étrangère à l'harmonie qu'elle ne connaît pas même en chant l'accord de tierce basse. Quant à la musique militaire, elle produit le vacarme le plus assourdissant et le moins mélodieux qu'on puisse entendre. On peut appliquer à ces deux genres si opposés chez les Maures les mêmes observations que le baron de Tott a faites sur la musique des Turcs. J'ai perdu tous mes airs notés, hormis un seul, que je place à la fin de l'ouvrage. On peut aussi consulter le Voyage de Shaw.

(*Note du Traducteur.*)

Excellence trouva trop belle pour un homme de cette classe, mais qui lui parut très-propre à être offerte en présent par un prince. Or, comme il avait dessein d'en envoyer un à Malte, il s'empara de la mule, et la mit au nombre des objets qu'il destinait à cet usage. C'est ainsi que, sans accroître les dépenses de l'état, il trouva moyen de soutenir la dignité souveraine.

CHAPITRE XII.

Quelle nation est la plus influente à la cour de Hamoûda-Pacha, *Beï de Tunis.*

De tout tems en Barbarie, les Chrétiens sont divisés en deux partis, dont l'un est pour la France et l'autre pour l'Angleterre. Ainsi, en examinant quelle nation a le plus de crédit auprès de la régence de Tunis, je n'entends admettre d'alternative qu'entre la Grande-Bretagne et la France.

A Tunis, les deux nations rivales ont conclu leurs traités à peu près en même tems; chacune d'elles prétend avoir la priorité de date (1); mais cette distinction est de peu d'importance. Il suffit de savoir que les deux traités datent d'environ cent

---

(1) Pour juger la question, il n'y aurait rien de plus simple que de recourir aux traités dont les originaux ont été déposés dans les chancelleries respectives; mais il paraît qu'ils ont été égarés. Les doubles en doivent exister dans les archives des deux gouvernemens.

(*Note du Traducteur.*)

cinquante ans. Les autres nations européennes ont suivi cet exemple, et aujourd'hui chaque puissance à peu près a son consul à Tunis.

En vertu de leurs traités, les Anglais jouissent à Tunis de priviléges plus étendus que les autres nations : ils ne sont assujettis qu'à un droit de trois pour cent *ad valorem* sur tous les articles qui forment leur importation ; encore cette taxation se réduit-elle à fort peu de chose, attendu l'évaluation plus que modérée du tarif. Les Français et tous les Européens ne paient non plus que trois pour cent, mais à la condition que les objets qu'ils importent seront expédiés de leurs propres ports et sous leurs propres couleurs, autrement le droit est de huit pour cent ; au lieu que les Anglais peuvent faire leurs expéditions de tel port et sous tel pavillon qu'il leur plait, moyennant le droit uniforme de trois pour cent. Ce privilége offrait anciennement peu d'avantages à la Grande-Bretagne, parce qu'elle ne faisait avec Tunis qu'un commerce insignifiant ; mais aujourd'hui que Malte fournit presque entièrement à la consommation du pays, il est devenu d'une grande importance : aussi tous ceux qui sont attachés aux intérêts de la France voient-ils cette préférence avec chagrin, et intriguent-ils journellement auprès des douaniers, afin de contrarier les opérations des Anglais, et de parvenir

à se mettre sur un pied égal (1). . . . . . .
. . . .
. . . .

C'est pour atteindre ce but que les Français prétendent que leur traité est antérieur à celui de l'Angleterre, qui n'en est, disent-ils, qu'une copie avec des additions avantageuses. Mais personne n'ignore que, lorsque la France stipula le sien, elle y fit insérer la clause que les expéditions devaient être faites de ses propres ports et sous son propre pavillon, afin d'obliger par là ses sujets à n'employer que leurs bâtimens, et d'empêcher ce commerce de se faire par des ports étrangers qui pouvaient offrir plus d'avantages et de facilités que ceux de France même.

Autrefois les Français jouissaient à Tunis d'une influence qui a beaucoup décliné depuis, principalement à dater de l'époque de leur révolution, et l'on peut dire qu'elle tire entièrement à sa fin (2). . . . .

---

(1) J'ai supprimé ici une note très-déplacée de l'auteur, plus fâcheuse pour sa gloire que pour celle de l'agent qu'il attaque : il est des traits inconsidérés qui retombent toujours sur celui qui les lance.

(2) Le plan que je me suis tracé m'oblige à supprimer ici deux pages d'injures grossières que l'auteur anglais

. . . .
. . . .
. Les plus utiles des espions que les Français entretiennent au *Bardo* sont. . . . . et le chef des esclaves, nommé *Mariano Stinca*, que ce prince emploie à la lecture et à la traduction des papiers en langues européennes. . (1). . . . .

---

adresse au consul-général de France. Cette lacune et quelques autres que je laisserai plus loin n'ôteront rien à l'intérêt de l'ouvrage, et les amis du scandale pourront seuls ne pas goûter cette suppression. Au reste, j'invite M. Maggill à regarder à ses pieds, et non au dessus de sa tête, dans la crainte d'éprouver le sort de l'astrologue. Sa partialité l'a égaré; pour moi qui veux bien le traduire, mais non l'imiter, je me garderai bien de dévoiler ici les turpitudes de plus d'un agent de sa nation; je ne veux point contribuer à les tirer de l'obscurité où leur gouvernement aurait dû les laisser. Plus juste, et plus impartial que M. Maggill, je me hâte de déclarer que je n'entends, en aucune manière, désigner ici M. Oglander, consul britannique à Tunis, dont la conduite sage et modérée ne mérite que des éloges.

(*Note du Traducteur.*)

(1) Encore une suppression que j'ai dû faire par égard pour le caractère d'un homme en place. Pour prouver mon désintéressement, je me bornerai à faire observer que l'auteur désigne, avec raison, la personne qu'il attaque comme haïssant, au fond du cœur, la nation française, à laquelle, d'ailleurs, il n'appartient pas.

. . . .

Les autres nations européennes ont à Tunis des consuls dont la conduite est exempte de blâme, et qui ne se mêlent guère des affaires étrangères à celles de leurs gouvernemens respectifs. La seule influence qu'ils recherchent est celle qui tend à les faire respecter et traiter convenablement, en leur qualité de représentans de leurs souverains.

Autrefois il n'y avait d'autres négocians européens à Tunis que les Français ou les étrangers établis sous leur protection. Il est facile d'imaginer combien une nation, aussi fertile en intrigues (1), possédait l'art de s'insinuer dans les bonnes grâces des sujets, et surtout du prince, auquel ils produisaient un grand accroissement de revenu. Mais aujourd'hui les Français ont perdu cet avantage exclusif par l'effet des décrets malentendus qui gênent leur commerce : loin

---

En élaguant de ma traduction ces personnalités inutiles, je ne veux pas qu'on m'accuse de prédilection exclusive pour mon pays. (*Note du Traducteur.*)

(1) Quand il est question de la nation entière, je ne fais aucune difficulté de traduire les *aménités* de mon auteur : je ne porte les ciseaux que sur les personnalités dont il se montre si libéral.

(*Note du Traducteur.*)

d'être seuls en possession de celui du pays, ils ont à soutenir la concurrence de tous les Maures fortunés qui étendent leurs spéculations, non-seulement sur la place de Tunis, mais encore jusque sur les marchés d'Europe, et en particulier sur celui de Malte. Le *Fondouk* (1), qu'on appelle avec une affectation ridicule *l'hôtel de la résidence impériale de France* (2), autrefois habité par nombre de négocians respectables, ne l'est plus que par le consul de cette nation, et un ou deux marchands qui n'ont ni crédit ni considération chez eux comme au dehors (3).

La nation anglaise est sans contredit celle qui jouit de la plus grande influence à la cour du Beï. Plusieurs causes y contribuent. La première et la principale est son incontestable supériorité

---

(1) Ce mot, qui signifie proprement auberge, pourrait bien avoir une origine commune avec l'espagnol *Fonda*, qui veut dire la même chose. A Tunis, le *Fondouk* est ce que sont au Levant les *Khâns* ou *contrées*.
(*Note du Traducteur.*)

(2) Jamais cet édifice n'a porté ce nom, en effet très-ridicule : les Français et leur consul ne l'appellent que palais ou hôtel consulaire, et cette dénomination est celle qui lui convient. (*Note du Traducteur.*)

(3) C'est toujours un Anglais qui parle.
(*Note du Traducteur.*)

maritime, dont les Maures mêmes n'ont pas la pensée de douter. Le caractère national des Anglais, la conduite honorable et la bonne foi, aujourd'hui bien connues, qui les font respecter dans la Méditerranée, y ont également une grande part; car les Maures, tout ignorans qu'ils sont, savent bien faire la différence de nos procédés avec ceux auxquels ils étaient précédemment accoutumés. Le crédit des Anglais a reçu aussi un grand accroissement des décrets impolitiques qui ont anéanti le commerce de la France, en fermant ses ports. Les Tunisiens, forcés de recourir à Malte, y font les approvisionnemens dont ils ont besoin, et y portent les produits de leur sol. Enfin, une quatrième cause, et ce n'est pas la moins importante, à laquelle l'Angleterre est redevable d'une influence qui s'accroît, tandis que celle de la France décline en proportion, est la conduite ferme et prudente de son agent. Il paraît avoir étudié, avec plus de soin qu'aucun de ses prédécesseurs, les mœurs du pays et le caractère du gouvernement. Par une sage appréciation du côté fort et du côté faible de ce peuple, il le maintient dans ce degré de respect et de crainte dû à la nation qu'il représente, sans cependant trop choquer l'orgueil du prince; et, quoiqu'il ne soit pas secondé, mais plutôt traversé dans ses efforts sur des points de la plus haute importance nationale, par d'autres agens qui ont de l'influence dans la Méditerranée (1), il ne laisse pas de soutenir son caractère avec honneur et dignité, tant pour son pays que pour lui-même.

Si l'Angleterre avait lieu de déployer l'appareil de sa puissance en Barbarie, nulle nation ne pourrait lutter avec elle d'influence dans ces contrées ; mais sa politique semble toute différente :

---

(1) Je soupçonne M. Maggill d'avoir ici en vue quelques-uns des confrères de M. Oglander, mais d'user à leur égard de ménagemens dont il s'est cru dispensé envers les agens des autres nations. J'approuve cette retenue, et je veux l'imiter. J'aurais toutefois désiré qu'il eût franchement exposé toutes les causes de l'influence anglaise en Barbarie, et fait connaitre les lâches condescendances dont son gouvernement n'a cessé d'user envers ces pirates, qu'il caresse bien plus qu'il ne les effraie. Je ne suppléerai pas à son silence ; je me bornerai à lui rappeler l'*honorable* tentative que lord Nelson fit avec toute sa flotte, en 1801, pour faire réintégrer le consul d'Angleterre, que le Deï avait chassé. Au reste, il n'est point de nation qui n'ait à se reprocher d'avoir accoutumé les Barbaresques à des ménagemens déshonorans pour le nom chrétien ; mais il faudrait les avouer de bonne foi, et non pas attribuer à la gloire ce qui n'est que le fruit de l'ignominie. Espérons qu'un jour l'Europe fera enfin un retour salutaire sur la routine des tems passés.

(*Note du Traducteur.*)

elle use de grands ménagemens envers les régences; et, comme si elle craignait de leur déplaire, elle se prête aveuglément à leur rendre tous les services qu'elles lui demandent (1).

___

(1) Voilà un aveu précieux échappé à M. Maggill; il m'aurait épargné bien des commentaires, s'il eût toujours été d'aussi bonne foi : sa franchise néanmoins eût été plus entière, si, au lieu de ne parler que des *services* que son gouvernement consent à rendre aux Barbaresques, il eût touché quelques mots des humiliations qu'il digère si-doucement de leur part, sans doute d'après cet aphorisme d'un roi d'Angleterre (Henri VII, je crois) : *il n'y a pas de point d'honneur avec les Turcs.*

(*Note du Traducteur.*)

CHAPITRE XIII.

Raisons qui devraient engager les puissances européennes à revêtir leurs consuls en Barbarie d'un titre plus imposant. Pourquoi aussi la faculté de commercer devrait être interdite aux consuls.

Les princes de Barbarie, étant, dans le fait, indépendans de la Porte, comme ils le sont l'un de l'autre, devraient être, jusqu'à un certain point, traités sur ce pied par les puissances qui désirent cultiver leur amitié. Autrefois, peut-être, lorsque leur dépendance du Grand-Seigneur était plus réelle qu'aujourd'hui, c'eût été commettre une imprudence, et blesser la susceptibilité du divan de Constantinople, que de considérer les États Barbaresques comme non soumis à son autorité, et de placer auprès de ces gouvernemens des représentans revêtus d'un titre plus relevé. Mais de nos jours, que l'orgueil et la puissance des Turcs ont souffert un abaissement notable, et que les régences de Barbarie ont à peu près secoué toute obéissance, il serait aussi prudent que nécessaire de donner aux agens européens qui y résident une dénomination plus propre que celle de *consul* à relever leur caractère, peut-être même de les assimiler aux envoyés accrédités auprès des cours du dernier ordre. Si le consul portait le titre d'*agent* (1) ou de *résident*, sans doute les Maures, ignorans et grossiers, lui accorderaient un plus haut degré de respect, et les sujets des puissances européennes jouiraient d'une considération proportionnée à celle de leur chef.

Il ne serait pas nécessaire d'associer à l'en-

―――――――――――――――――――――

(1) Il me semble que le vœu de l'auteur, quant au titre, est à peu près rempli à Alger, au moins pour les principales puissances : l'agent français s'y intitule *Consul général* et chargé d'affaires; celui d'Angleterre porte le titre de « AGENT *and consul general.* » Depuis l'établissement du gouvernement consulaire en France, le consul-général de Suède a changé cette dénomination en celle d'AGENT *du Roi*, qui lui est demeurée. Le Consul américain, qui nomme ceux de Tunis, de Tripoli, et même, je crois, de Maroc, a le titre d'AGENT-GÉNÉRAL *des États-Unis en Barbarie*. L'Espagne a un consul-général; la Hollande et le Danemarck n'ont que de simples consuls. Au reste, les gouvernemens barbaresques s'occupent peu de ces différences.

(*Note du Traducteur.*)

voyé un consul pour la direction des affaires commerciales dans le port, qui est en même tems le lieu de résidence du prince; mais un *chancelier* subordonné à l'agent en chef, et à tous égards comptable envers lui, remplirait suffisamment cet objet. C'est ce qui se pratique à Constantinople, où toutes les puissances se contentent d'avoir un chancelier (1), qui a le département purement mercantile sous les ordres du ministre. Le gouvernement anglais, dans la vue de soulager son ambassadeur de ces détails matériels, a, depuis peu, il est vrai, nommé un consul-général spécialement chargé de l'administration mercantile, et qui correspond avec tous les autres consuls placés dans les différens ports de l'empire ottoman; mais l'expérience n'a pas encore fait connaître si cette mesure peut avoir des résultats satisfaisans.

Le chancelier pourrait également remplir les fonctions de secrétaire de légation auprès de l'envoyé ou ministre; et celui-ci, au lieu d'être obligé de se rendre au palais pour la moindre

---

(1) La France a varié plusieurs fois là dessus : elle a eu tantôt un *consul-général*, tantôt un *secrétaire de légation* exclusivement chargé de cette partie. La chancellerie française à Constantinople est purement celle de l'ambassade, si l'on ne m'a point trompé. Au reste, peu importe la dénomination. (*Note du Traducteur.*)

affaire, enverrait le chancelier à sa place. L'agent principal verrait par là sa considération s'accroître, et il réserverait son apparition en cour pour les occasions solennelles, soit diplomatiques, soit de pur compliment (1).

---

(1) Je ne puis être de ce sentiment : je pense, au contraire, qu'en donnant aux agens européens un plus haut degré d'importance, on ne ferait qu'accroître la morgue et l'insolence de ces pirates, déjà trop convaincus de leur supériorité, trop accoutumés aux ménagemens qu'une mauvaise politique a toujours gardés envers eux. Je ne puis donc regarder que comme dangereuse toute innovation du genre de celles que l'auteur propose, jusqu'à ce que l'Europe ait adopté un système plus libéral, et jusqu'à ce que l'Angleterre, cessant de se parer d'une feinte philantropie, reconnaisse enfin qu'il est de son honneur d'affranchir les nations *blanches*, ses alliées, des ravages de la piraterie et des maux de l'esclavage, plutôt que de proclamer si fastueusement la liberté de l'espèce *noire*, pour laquelle elle ne montre tant de prédilection que parce que ses colonies sont désormais en état de se passer de la traite. Mais je crains bien que la démarche de Sir Sidney Smith au congrès ne soit, ou une jonglerie de gouvernement, à laquelle ce respectable Anglais se prête sans le savoir, ou l'effet d'un zèle qui agit, sans le concours de l'autorité, en faveur de l'humanité souffrante. Eh effet, où est la mission de ce seigneur, et quel est son caractère ? Il s'agit bien vraiment de rassembler de pieuses offrandes pour payer des rançons ! Eh ! qui

Dans l'état actuel de la représentation européenne en Barbarie, il ne me paraît nullement

---

ne voit pas que racheter des esclaves, c'est précisément servir les Barbaresques au gré de leurs désirs? Attaquez le mal dans sa source, et faites servir la prépondérance tant vantée de votre marine à mettre ces nations infâmes dans l'impuissance de nuire. Que l'humanité enfin ne soit plus un vain mot. Anglais, qui nous calomniez sans cesse, réalisez le traité d'Amiens, et n'oubliez pas que l'article x contenait une stipulation honorable pour la France, dont elle était l'ouvrage, mais à laquelle vous mettez seuls obstacle.

C'est ici le lieu de faire connaître un trait de philantropie anglaise, qui n'a jamais eu de publicité en France, ou qui, du moins, y est oublié dès long-tems. Je l'ai puisé dans un ouvrage périodique portugais qui se publie ici, tous les mois, sous le titre de *O observador Lusitano em Fariz*, et qui est peut-être le meilleur et le plus sensé des écrits de ce genre qui s'impriment en Europe. Les faits cités sont exacts.

« Vers la fin de 1793, les Anglais tentèrent d'affamer la France, dont l'agriculture avait principalement eu à souffrir des désordres de la révolution. Les récoltes avaient été mauvaises cette année-là, non-seulement en France, mais encore dans toutes les parties méridionales de l'Europe. Le Portugal ne fut pas exempt de la disette, et eut recours, ainsi que la France, à l'Amérique septentrionale; mais le ministère trouvait un obstacle dans la guerre que les Anglais avaient suscitée entre les États-Unis et la régence d'Alger, le Portugal étant

convenable de permettre aux consuls de faire le commerce, ou de se mêler, même indirecte-

---

également en guerre avec cette dernière puissance. (*). Nous armâmes donc une escadre garde-côte pour défendre notre navigation, et protéger l'arrivage des bâtimens qui se rendaient dans nos ports. Il ne convenait point aux Anglais de déclarer eux-mêmes la guerre aux États-Unis, parce qu'ils tiraient également de l'Amérique, partie sous leur propre pavillon, partie au moyen des bâtimens étrangers, les grains dont ils avaient besoin comme les autres. Quel moyen imaginèrent-ils pour faire réussir leur dessein ? Ce fut de négocier une paix (**) entre le Portugal et Alger, paix que notre gouvernement n'avait point sollicitée, et qu'à cette époque rien ne rendait avantageuse à la monarchie.

« La nouvelle de ce traité fut connue à Alger avant de l'être à Lisbonne. La régence se hâta d'armer ses chébecks; ces armemens, parvenus au détroit de Gibraltar, donnèrent dans la croisière portugaise, qui s'opposa au passage des Algériens, et s'en empara.

« Les *Raïs* (capitaines algériens) exhibèrent alors les preuves de l'existence du traité conclu ; les commandans portugais furent fort étonnés d'une transaction absolument contraire aux instructions qu'ils avaient reçues de leur cour, et qui, loin d'avoir été révoquées,

---

(*) Cette guerre, autrefois permanente, a cessé, depuis quatre ans par les soins de l'Angleterre, qui s'est noblement conduite dans cette circonstance. (*Note du Traducteur.*)

(**) Ce n'était qu'une trêve stipulée, je crois, pour six mois.
(*Note du Traducteur.*)

ment, d'opérations mercantiles. A Tunis, on a vu des circonstances où le consul-négociant,

venaient encore d'être confirmées par de nouvelles dépêches.

« Dans cette incertitude, on conduit les prises à Gibraltar. Le gouverneur de cette place atteste la réalité de cette étrange stipulation, et met en conséquence le séquestre sur les corsaires capturés, pour être maintenu jusqu'à ce que le chef de l'escadre portugaise ait reçu de sa cour la confirmation du pacte arrêté en son nom. Pendant cette contestation, le traité, fabriqué à Londres sans la participation du Portugal, était parvenu à Lisbonne. Le ministère portugais reste pétrifié. En même tems on apprend ce qui se passe à Gibraltar; toujours plus étonné, le gouvernement refuse de ratifier cette convention, et réclame les prises faites sur les Algériens par son escadre. Le gouverneur de Gibraltar déclare qu'il ne les livrera pas, et favorise même leur libre sortie. »

Je laisse aux lecteurs vraiment philanthropes le soin d'apprécier la sincérité des maximes libérales incessamment proclamées par l'Angleterre. Même en politique, il est des forfaits qui font frémir, et je ne sais point qualifier autrement la ruse infernale par laquelle un gouvernement déchaîne d'exécrables pirates contre la nation même qui lui fournit les moyens d'échapper à la famine, et sans se mettre en peine du préjudice qu'elle cause à une autre nation son alliée, ou, si l'on veut, son esclave.

Ce stratagème, vraiment abominable, eut un plein

quelquefois même la nation qu'il représente, ont été sacrifiés à l'avidité du prince et de ses ministres. Cependant, outre le danger de se trouver, en matière de spéculation, en concurrence avec le chef et les grands du pays, ou même avec les sujets (ce qui tend plus ou moins à diminuer l'influence du consul, et même la considération qui lui est due), cette faculté de commercer a encore le mauvais effet de nuire aux opérations des négocians. En effet, si une contestation s'élève entre le consul et ses nationaux, où est la garantie du simple particulier contre l'autorité du magistrat devenu arbitre, et arbitre suprême, dans sa propre cause? Peut-on se flatter que l'impartialité préside à ses jugemens? Ou si le négociant a des difficultés avec les naturels du pays, doit-on beaucoup compter sur le zèle du consul à défendre les intérêts d'un concurrent? Mais, en supposant même qu'aucun démêlé ne se présentât à juger, si le marchand a pour compétiteur le consul lui-même, l'influence dont jouit celui-ci ne lui donne-t-elle pas les moyens

---

succès : les Algériens passèrent le détroit en vertu d'une stipulation jusque-là sans exemple, et saisirent dans l'Océan plusieurs bâtimens américains, dont ils traînèrent les équipages en captivité.

(*Note du Traducteur.*)

assurés de faire pencher à son gré la balance, et de ruiner tous ses rivaux ?

A Tunis, tous les consuls, excepté celui de France, ont la faculté de faire le commerce (1). Cela vient sans doute de ce que les autres nations n'avaient autrefois aucun négociant établi sur les lieux. Il est peu de ces agens qui profitent de cet avantage, et ceux qui en usent sont plus dirigés par des motifs de patriotisme que par l'amour du gain (2).

Je vais hasarder une opinion qu'on trouvera peut-être trop hardie pour un particulier, mais que l'expérience justifie, et que me dicte l'amour de mon pays; c'est que, de tous les gouvernemens, c'est peut-être celui d'Angleterre qui apporte le moins d'attention dans le choix de ses agens consulaires. Peu, très-peu de nos consuls sont faits pour les emplois qui leur sont confiés. La France donne en cela une leçon à l'Angleterre : en général, ce gouvernement cherche ses

---

(1) Il me semble que l'agent espagnol ne jouit pas non plus de ce privilége. (*Note du Traducteur.*)

(2) Je n'en crois pas un mot. Au reste, rien de plus sensé que tout ce que dit ici M. Maggill. Il a eu raison dans sa propre cause, qui n'était pas difficile à défendre. (*Note du Traducteur.*)

agens parmi les hommes habiles (1); mais c'est trop souvent l'intérêt particulier qui préside au choix des nôtres. Nous donnons des consulats comme des canonicats, et nous nous inquiétons peu si ceux auxquels nous confions ces emplois sont en état ou non de les remplir. Une autre erreur du gouvernement anglais, c'est de n'accorder à ses consuls qu'un traitement insuffisant : dans beaucoup de résidences, nos agens ont à peine de quoi vivre avec celui de leur place; à plus forte raison sont-ils hors d'état de représenter décemment (2). On devrait donc attacher à nos consulats des appointemens plus considérables. Une mesure qui produirait aussi de très-grands avantages, serait l'établissement d'une administration particulièrement chargée d'inspecter la

---

(1) Voilà une importante concession. Pourquoi donc l'auteur, dans un passage que je n'ai point traduit, parle-t-il d'intrigues que nul agent, *excepté un consul de France,* ne voudrait mettre en usage pour soutenir son crédit? (*Note du Traducteur.*)

(2) L'auteur est mal informé: les agens de la Grande-Bretagne n'ont peut-être qu'un traitement insuffisant; mais, tel qu'il est, il est plus fort que celui de la plupart des autres. La France et le Danemarck sont les puissances qui donnent à leurs consuls les honoraires les plus modiques. (*Note du Traducteur.*)

conduite de nos consuls, et de correspondre avec eux sur les objets qui forment leurs attributions. Il conviendrait en même tems que cette nouvelle administration eût le pouvoir de désigner au roi les sujets qu'elle jugerait capables d'occuper les emplois consulaires, en même tems qu'elle devrait, jusqu'à un certain point, répondre de leur conduite. Dans la classe mercantile, il serait aisé de trouver des hommes auxquels l'exercice de la profession dont ils seraient tirés donnerait plus d'aptitude à remplir ces places; on peut croire que, versés dans les lois du commerce, et accoutumés à juger sainement dans cette matière, ils s'acquitteraient mieux de leur devoir que des hommes nouveaux auxquels le négoce est complétement étranger, même par la pensée.

Des vice-consuls ou chanceliers, payés par le gouvernement, devraient être attachés au consulat de chaque nation; le consul aurait alors auprès de lui un homme capable, au besoin, de l'assister ou de le suppléer (1). Nous ne devrions nommer

---

(1) La France a dès long-tems adopté ce parti; il serait convenable que toutes les nations l'imitassent partout en cela, comme elles ont fait pour la plupart en Barbarie; mais il faudrait surtout qu'on ne plaçât auprès de l'agent en chef que l'homme destiné à lui

à ces places que des Anglais natifs, professant la religion de l'état, et non des catholiques romains, qui achètent et vendent journellement les intérêts de la nation. Aucun peuple ne connaît au même degré que les Anglais cet amour de la patrie qui les distingue, et je ne puis imaginer qu'un étranger, un mercenaire, surtout s'il est attaché à une autre nation par les liens d'une même religion, et conséquemment ennemi de la nôtre, soit animé du même zèle pour l'Angleterre et pour ses sujets que des hommes du même pays, professant un même culte, et unis par la communauté des plus puissantes affections (1). J'avoue avec plaisir

---

succéder, et que le subalterne fût choisi uniquement dans cette vue. Par-là, on éviterait les lacunes qui se présentent toujours entre la retraite du consul et l'entrée en fonctions de son successeur. En effet, celui-ci ne peut avoir, dès le moment de son arrivée, les connaissances locales dont il est impossible de se passer, et que rien ne supplée. Les gouvernemens étrangers ont senti cette vérité, qui saute aux yeux, et ce n'est que depuis vingt ans qu'en France on en a négligé l'application.

(*Note du Traducteur.*)

(1) Tel est l'inconvénient des religions exclusives. Il faut avouer que les Anglais sont tolérans à d'étranges conditions : opprimer une nation toute entière, et la laisser végéter dans l'abjection, dans la privation de tout droit politique, voilà ce qu'ils appellent tolérance.

que Tunis offre une heureuse exception à la règle que je viens d'établir, et je désire sincèrement qu'il s'en trouve ailleurs de semblables : le consul anglais semble avoir été choisi avec discernement (1); . . . .
. . . .

On croit entendre les Turcs vanter celle qu'ils accordent aux Grecs et aux Juifs. La France en use aujourd'hui plus libéralement : ses magistrats au dedans, ses agens au dehors, sont choisis sans distinction de religion, et l'on ne s'est point encore aperçu que la différence du culte fût une cause d'animosité entre les administrateurs et les administrés. Tels sont les effets de la véritable tolérance ; mais la nation anglaise, qui s'intitule philosophe par excellence, est excessivement infatuée de ses préjugés religieux : chez elle, on rencontre la dévotion outrée dans les classes mêmes auxquelles elle semblerait devoir être étrangère. C'est qu'en Angleterre la religion est, de même que toutes les autres institutions, un instrument de politique : on l'aime comme la constitution, parce qu'elle est nationale et particulière au pays. (*Note du Traducteur.*)

(1) Encore une sortie que la décence m'a fait une loi de rejeter de ma traduction. Je regrette moi-même ce sacrifice nécessaire, parcequ'il m'a fallu supprimer en même tems des éloges adressés à des personnes placées en seconde ligne, et qui, j'en suis sûr, ne voudraient pas être louées aux dépens des convenances.

(*Note du Traducteur.*)

. . . .
il n'est cependant secondé que par un jeune Juif, qui est, à la vérité, un des plus actifs et des plus intelligens du pays, mais qui n'est pas même Anglais, et ne reçoit aucun traitement du gouvernement.

CHAPITRE XIV.

Tarif des droits qui se perçoivent à Tunis sur les marchandises introduites par les négocians anglais.

Toutes les marchandises qui s'importent à Tunis, excepté les munitions de guerre, sont sujettes à un droit sur la valeur. J'ai déjà remarqué que le tarif varie suivant les traités que les différentes nations ont avec le Beï, et que les Anglais ne paient que trois pour cent sur toutes les formes d'importation, tandis que les Français, qui ne paient que ce droit pour les articles qu'ils introduisent sous leur propre pavillon, sont obligés d'acquitter huit pour cent sur ceux qu'ils importent de toute autre manière. Toutes les puissances qui ont postérieurement conclu des traités avec Tunis, y ont inséré une condition portant qu'il ne sera exigé d'elles que les droits imposés aux nations les plus favorisées. Les gens du pays paient onze pour cent sur tous les objets d'importation autres que ceux qui viennent du

Levant; ceux qu'ils en tirent ne sont taxés qu'à cinq pour cent.

Le tarif conclu entre le Beï et les Anglais est le même qui a été adopté pour les autres nations européennes. Il est impossible de déterminer à quelle date il a été dressé, l'original ayant été perdu ou égaré; mais, à en juger par les prix d'évaluation, il ne peut guère remonter à plus de cinquante ans. Je donne ici la copie de ce tarif, d'après une note trouvée dans la chancellerie du consulat d'Angleterre.

État des marchandises soumises au droit de trois pour cent, ad valorem, *dont l'importation à Tunis est permise aux sujets de S. M. B.*

Valeur de chaque article en piastres.

Vermillon de Portugal ou de Morée, le quintal de Tunis	350
Cochenille, le rottolo (1)	12
Gomme-laque, le quintal	70
Dite rouge, id.	40
Dite noire, id.	10

(1) C'est la livre de Tunis; elle se compose de seize onces. Ce mot est italien; on le traduit ordinairement en français par *rotte*.

Bois de Fernambouc, le quintal		40
Dit de Campêche,	id.	12
Alun de Roche,	id.	12
Dit du Levant,	id.	8
Vert-de-gris,	id.	100
Vitriol,	id.	7
Tartre,	id.	18
Plomb rouge et blanc,	id.	15
Indigo,	id.	40
Corail, pour cent morceaux		10
Mercure (sublimé), par *rottolo*		3
Vif-argent,	id.	2 ½
Soie écrue,	id.	16
Clous de girofle,	id.	10
Noix muscade,	id.	5
Cannelle,	id.	3
Casse,	id.	2
Safran,	id.	10
Opium,	id.	4
Benjoin,	id.	2 ½
Musc,		(exempt de droits.)
Thé,	id.	4
Orpiment,	id.	12
Etain en barres,	id.	60
Dit en feuilles, par 100 feuilles		12
Cuivre en feuille, par quintal		100
Fil de cuivre,	id.	70
Fer en barre,	id.	10
Dit ordinaire,	id.	26
Fil de fer,	id.	60
Acier,	id.	15
Clous, par 250 *rottoli*		45
Cardes à laine, la paire		3
Canons de fusils montés, chaque		12
Dits non montés,	id.	5
Pistolets montés,	id.	10
Dits fins, montés,	id.	(évalués.)

Soieries.

Damas, première qualité, le *pic*............		$2\frac{1}{3}$
Dit deuxième qualité,	id............	2
Satin,	id............	2
Taffetas double,	id............	2
Dit simple,	id............	» $\frac{3}{4}$
Gros de Venise,	id............	6
Velours,	id............	5
Draps fins de France, par demi-pièce............		150
Dits de Hollande,	id............	75
Dits de Bristol,	id............	60
Dits de Nismes,	id............	60
Châlons, par pièce............		25
Dits écarlates, id............		30
Laines d'Espagne, le quintal............		180
Fil blanc, *dit salve*, id............		75
Dit de couleur,	id............	100
Ficelle ou fil de carret, id............		15
Basin, par pièce............		15
Mousseline, par pièce de 10 *yards*............		8
Basin broché,	par pièce............	12
Dit id. ordin.,	id............	8
Perkale,	id............	8
Dite de Hollande (1),	id............	20
Dite en petites pièces nommées *rises*, id............		$3\frac{1}{2}$
Mouchoirs de soie de Barcelone, la douzaine............		12
Sucre en pain, le quintal............		35

---

(1) Je crois qu'il est question ici de batiste, à laquelle les Anglais donnent le même nom qu'à la perkale; ils ne la distinguent de celle de coton que par le mot *french* (française) ou *dutch* (hollandaise).

(*Note du Traducteur.*)

Dit candi,	le quintal....................................	60
Cassonnade,	id...	22
Manne,	id...	150
Jus de réglisse,	id...	20
Café moka,	id...	100
Dit d'Amérique,	id...	50
Amandes,	id...	20
Noix,	id...	10
Châtaignes,	id...	5
Pommes,	id...	6
Miel,	id...	10
Fromage,	id...	10
Raisin sec,	id...	4
Riz,	id...	5
Poivre,	id...	70
Quatre-épices,	id...	60
Gingembre,	id...	15
Aloès,	id...	60
Gomme ammoniaque,	id...	100
Mastic (1),	id...	150
Encens,	id...	50
Harengs ou pilchards,	le baril.................................	20
Saumon salé,	id...	30
Sardines,	id...	15
Assa-fœtida,	par quintal.............................	100
Chocolat,	id...	50
Grains à colliers ou à chapelets,	id.........................	25
Vitriol ou couperose de Chypre,	id...........................	50
Arsenic,	id...	15
Salsepareille,	id...	100
Sel ammoniac,	id...	50
Noix de galle noires,	id...	25
Dites blanches,	id...	15

---

(1) Celui de Scio, sans doute.

(*Note du Traducteur.*)

Soufre,	le quintal....................	7
Rhubarbe, par *rottolo*...................		10
Camphre, *id*.....................		4
Papier gris, par balle.................		25
Dit à écrire, par rame..................		3
Peaux de veau, la douzaine...............		12
Planches de Venise, par centaine...........		150
Dites de Suède, *id*................		100
Dites de Messine, *id*................		90
Poutres ou solives, *id*................		50
Carreaux de vitre, par caisse............		7 ½
Petites caisses de miroirs, chacune.........		25
Bouteilles vides, par centaine.............		8

C'est d'après ce tarif que toutes les marchandises importées par les Anglais acquittent les droits à Tunis depuis qu'il a été établi; mais, comme la valeur de la plupart de ces articles est augmentée dans la proportion de cent à deux cents pour cent, on peut dire que le droit effectif ne s'élève, dans la réalité, qu'à un ou un et demi pour cent. Les munitions de guerre sont exemptes de tout droit; et, quoique les fusils, canons de fusil et pistolets soient spécifiés au tarif, la douane les laisse aujourd'hui passer sans payer la taxe.

A l'égard des exportations, il ne paraît pas qu'il ait été fait de tarif correspondant à celui qui précède. Un seul article additionnel porte que « la *barille* ou soude est passible d'un « droit de cinq pour cent, de même que les « peaux de maroquin de toutes couleurs, éva- « luées à une piastre chaque; que la laine, lavée

« ou brute, doit payer quatre *kharroúbas* (1)
« par quintal; les éponges, trois pour cent, sur
« le pied de dix piastres le quintal; et les *ché-*
« *chías*, ou calottes rouges, une piastre et un
« quart par caisse. »

Chaque *tèskèrè*, ou permis d'embarquement pour le blé, est porté à vingt-deux piastres et demie par *cafis;* l'orge, à sept un quart; les fèves, l'alpiste (2) et les lentilles, à quatre piastres et demie par *cafis.*

D'après un usage très-ancien, les marchandises provenant des prises conduites à Tunis ne paient aucun droit à la douane, à quelque nation qu'elles appartiennent.

---

(1) La *kharroúba* vaut cinq liards. J'orthographie ici ce mot comme on le prononce dans le pays; mais dans la suite je l'écrirai *carroube*, qui est la manière de le prononcer parmi les Européens.

(*Note du Traducteur.*)

(2) L'alpiste est une petite graine pour les oiseaux; on lui donne aussi le nom d'*escaïole*. Les Marseillais l'appellent *graine longue*.

(*Note du Traducteur.*)

CHAPITRE XV.

Causes du déclin du commerce dans les états de Barbarie, particulièrement de celui de Tunis.

L E commerce des états barbaresques avait été jusqu'ici à peu près inconnu des négocians anglais; la France, au contraire, l'avait soigneusement cultivé, parce qu'il lui offrait un marché important où elle se procurait les productions nécessaires tant à elle-même qu'à ses voisins, et en même tems un débouché lucratif et assez considérable pour les objets de son industrie. Jusqu'à ces derniers tems, les Français se regardaient comme les maîtres exclusifs du commerce de la côte septentrionale de l'Afrique, et considéraient les négocians des autres nations comme autant d'usurpateurs de leurs droits; une nouvelle direction donnée à ce commerce, a entraîné pour eux la perte d'avantages dont une longue possession leur avait donné comme la propriété exclusive.

Depuis quelques années, ce commerce est considérablement déchu; mais, quoiqu'il fût autrefois beaucoup plus étendu, plus lucratif et plus digne de l'attention d'une puissance qu'il ne l'est de nos jours, il ne laisse pas, malgré la réduction qu'il a subie, d'offrir encore un champ assez vaste aux spéculations des négocians, et de mériter particulièrement l'attention de la Grande-Bretagne dans l'état actuel des choses. Il faudrait donc mettre tout en usage pour augmenter en Barbarie le débit de nos manufactures, en entravant les opérations de nos ennemis, et pour faire connaître à ces gouvernemens que l'Angleterre est plus en état de les protéger (1), et de fournir plus extensivement à leurs besoins que toute autre nation.

Le commerce de Tunis est le plus considérable de toute la côte de Barbarie, quoiqu'il ne soit pas, à beaucoup près, de même que celui des états voisins, aussi florissant qu'au tems passé (2). Jadis il n'était pas rare de voir des cen-

---

(1) Voilà certes un emploi fort honorable pour une nation qui a déclaré qu'elle ne souffrirait plus la traite des Nègres, parce qu'elle est une tache pour les nations civilisées. (*Note du Traducteur.*)

(2) L'auteur se contredit ici manifestement : on verra plus loin (page 182) que le commerce de Tunis est gé-

taines de navires mouillés en rade ou à la Goulette, de même qu'un grand nombre de bâtimens occupés à transporter des autres ports les riches productions du sol nécessaires aux besoins de la France, de l'Espagne et de l'Italie.

L'Espagne, en particulier, tirait de la Barbarie une grande partie des grains qu'elle consommait. L'Italie et la France s'y procuraient de l'huile, des cuirs et de la laine, tant pour la consommation brute que pour l'usage des manufactures. Tunis surtout fournissait à ce commerce la plus grande portion de son aliment, parce que ces denrées y sont plus abondantes et de meilleure qualité que dans tout le reste de la Barbarie. Aujourd'hui il est rare de voir à la fois plus d'une demi-douzaine de bâtimens marchands dans son port, et plus d'un dans chacun de ceux de la côte, encore sont-ils d'une très-petite portée.

---

néralement regardé comme plus considérable aujourd'hui qu'il y a vingt ans. On peut concilier ces variantes, en disant que l'exportation des grains est à peu près nulle aujourd'hui, ce qui a diminué de beaucoup le nombre des navires qui venaient en charger dans les ports de Tunis; mais que, le luxe s'étant propagé dans ce pays, le commerce des objets manufacturés a pris un grand accroissement.

(*Note du Traducteur.*)

Les raisons de la décadence du commerce de Tunis sont en grand nombre : à beaucoup d'égards, elles sont les mêmes qui, partout uniformément, résultent de la forme despotique et militaire du gouvernement. Là où il n'existe point de système régulier d'administration, où la loi n'offre au sujet opprimé aucun recours contre la tyrannie et le caprice du prince, enfin où la fortune et jusqu'à l'apparence du bien-être exposent l'individu et toute sa famille, même pendant plusieurs générations, aux vexations et à la rapacité du gouvernement, on doit s'attendre à voir déchoir le commerce (1).

___

(1) Ce raisonnement me paraît lutter faiblement contre l'expérience : si l'oppression avait causé, à elle toute seule, la ruine du commerce, elle l'aurait, à plus forte raison, empêchée de naître. Or, cette cause a toujours subsisté, et le commerce de Tunis ne laissait pas d'être florissant autrefois. Parce que le despotisme est la source la plus féconde des maux de l'humanité, on le rend responsable de tout; on refuse de voir que, s'il tend le plus souvent à anéantir l'industrie, il lui donne parfois un degré d'énergie qu'on ne pourrait attendre de la liberté même. Sans nous engager dans la discussion d'exemples encore récens chez nous, arrêtons-nous aux Juifs, les plus opprimés, les plus avilis, mais en même tems les plus industrieux des hommes : n'est-ce pas aux persécutions, dont ce peuple malheureux fut toujours l'objet, qu'est

La famine, qui, en 1805, répandit tant de maux sur cet état, engagea le Beï à défendre toute exportation de grains; et cette disposition subsiste encore, parce que l'abondance ne s'est pas jusqu'ici rétablie à un degré suffisant pour la faire révoquer (1). Le grain étant l'article le plus important du commerce de Tunis avec l'Europe, les bâtimens employés autrefois à le transporter ont donc cessé de fréquenter les ports de la régence. Maintenant que les récoltes sont redeve-

---

due l'invention admirable, et pourtant si simple, des lettres de change? Lorsque les Juifs étaient libres sous leurs prophètes et leurs rois, toute industrie leur était étrangère; aujourd'hui c'est de leur abjection même qu'ils tirent partout les moyens de s'enrichir.

(*Note du Traducteur.*)

(1) Voilà donc une cause réelle, et cette cause n'est pas le despotisme. La famine eut lieu, parce que les pluies manquèrent, et les effets s'en sont prolongés pendant plusieurs années. Peut-être dira-t-on qu'un gouvernement prévoyant aurait établi des greniers d'abondance, et réglé sagement l'exportation. Je réponds à cela que, despote ou non, le Beï de Tunis n'a point intérêt à voir ses états ravagés par la famine; il a manqué de prévoyance, et voilà tout. Une sage police et des magasins pourvus à tout événement n'ont rien d'incompatible avec un gouvernement arbitraire.

(*Note du Traducteur.*)

nues abondantes (1), il est très-douteux que cette branche de commerce reprît son ancienne activité, dans la supposition du rétablissement de la faculté d'exporter les grains. Malte même aurait plus d'avantage à se pourvoir en Sicile, du moins aussi long-tems que la Grande-Bretagne jugera convenable d'occuper ce riche pays.

La guerre, qui fait, depuis si long-tems, ressentir au commerce de l'Europe ses tristes résultats, en a produit aussi de très-remarquables sur celui de la Barbarie. La côte septentrionale de la Méditerranée offrait un débouché facile à toutes les denrées brutes, et le voisinage favorisait beaucoup les retraits pour la rive opposée. Cependant, quoique la guerre européenne ait eu une part marquée à la décadence du commerce des états barbaresques, il est vrai de dire qu'elle

---

(1) Il faut bien qu'il n'en soit pas ainsi; car si les récoltes peuvent actuellement fournir à l'exportation, il faut supposer que le Beï et ses sujets entassent tous les ans de nouvelles quantités de blé pour le seul plaisir de les perdre. La véritable raison est que la peste, la guerre et la famine ont réduit la population et ruiné la culture. La même chose est arrivée à Alger, qui, depuis environ douze ans, ne fournit pas à l'exportation un sac de blé, et qui est même sujet à en manquer.

(*Note du Traducteur.*)

aurait moins d'influence sur ces pays si les princes ignorans et prévenus qui les gouvernent savaient mettre à profit la neutralité que leur ménagent l'amitié et la fausse politique de l'Angleterre; neutralité qui, s'ils avaient l'art d'en tirer tout le parti qu'elle présente, deviendrait pour eux une source immense de richesses, particulièrement pour le Beï de Tunis, dont le pays est assurément le meilleur. Mais, uniquement guidé par l'avarice et la routine, ce prince suit un système qui ne tend qu'à opprimer ses sujets, au lieu de favoriser les entreprises de l'industrie.

La guerre entre Tunis et Alger a certainement plus nui aux deux pays que n'a fait celle qui dévaste l'Europe depuis tant d'années. Le commerce d'échange entre les deux régences ne laissait pas d'être considérable; aujourd'hui toute communication a cessé. De plus, le genre de guerre familier entre ces bandits est si changeant, si incertain dans sa nature et dans ses effets, par une suite de leur lâcheté et de leur ignorance, que la confiance et la sécurité des habitans respectifs n'a pu qu'en souffrir considérablement.

Une branche de commerce autrefois très-productive pour Tunis, mais aujourd'hui réduite de beaucoup, c'est la fabrication des bonnets ou calottes de tricot (1). Cette coiffure est commune aux Musulmans, Grecs, Arméniens et Juifs qui portent le costume oriental. Tunis, qui en possède les manufactures les plus renommées, était autrefois seul en possession d'en fournir à la consommation universelle ; aujourd'hui cette ville a à soutenir la concurrence redoutable de plusieurs autres en Europe, notamment celle de Marseille et de Livourne ; et, quoiqu'on n'ait pu nulle part atteindre à la perfection des modèles, la modicité du prix de l'imitation a beaucoup réduit la consommation des bonnets de Tunis. Mais il est à présumer que ce commerce reprendra quelque jour son ancienne activité, par la difficulté qu'apporte la guerre aux expéditions des manufacturiers européens pour le Levant.

La cause la plus fatale au commerce de Tunis est celle dont il me reste à parler, je veux dire le monopole exercé par le Beï. Guidé par un désir malentendu du gain, ce prince, non-seulement est devenu lui-même négociant, mais il a permis à tous ses ministres, à tous les gens de sa cour de suivre son exemple. Jadis le particulier pouvait apporter au marché ses denrées, et en

---

(1) On les appelle *chéchia* en langue du pays.

disposer, selon sa volonté, en faveur du plus offrant. Aujourd'hui c'est le souverain devenu marchand, ou le ministre qui s'en empare à son gré; et si le paiement s'en effectue, ce qui n'arrive pas toujours, c'est à un prix arbitrairement fixé, et qui n'atteint pas aux frais de culture ou de main-d'œuvre (1). On sent assez ce qu'une pareille pratique a de funeste pour le commerce et les manufactures.

On a vu un exemple de ces extorsions en 1807. Le Beï avait eu l'adresse d'obtenir de l'amiral anglais la permission d'envoyer en Levant, sous l'escorte d'une frégate suédoise, un bâtiment de commerce destiné, disait-il, à embarquer des recrues pour Tunis. Aussitôt il envoya prendre par force chez tous les fabricans les quantités de bonnets qui se trouvaient prêtes, en en fixant le prix à peu près à la valeur de la laine. Le profit de cette expédition excéda de beaucoup la somme qu'aurait coûté le rachat de la totalité des esclaves saisis sous le pavillon anglais; et cependant leur

---

(1) Cet ordre de choses, d'ailleurs exagéré, ne saurait être permanent, car les Maures ne sont pas assez dupes pour apporter au marché des articles qu'il leur faudrait continuellement livrer à perte.

(*Note du Traducteur.*)

liberté, qui aurait été le prix de la complaisance de l'amiral, ne fut point demandée.

Les Français attribuent la ruine de leurs affaires en Barbarie à la liberté de commerce accordée en 1781. Avant cette époque, les seuls négocians français avaient le droit d'expédier de France dans les ports de cette côte ; les autres étaient assujétis à un droit de vingt pour cent. Depuis la suppression de cette clause, le commerce de France a beaucoup perdu de son éclat (1) : au lieu d'une douzaine de maisons respectables établies autrefois à Tunis, où elles faisaient des opérations brillantes, et de quelques négocians italiens qui s'y maintenaient avec avantage, on ne compte plus que deux chétives maisons françaises, qui font à peine en un an les affaires que faisait en un mois chacune des anciennes ; des établissemens italiens, il ne reste plus qu'une ou deux maisons génoises, dont tout le négoce se borne à tenir des magasins de vins pour la consommation des Chrétiens tant libres

---

(1) Voyez l'ordonnance de Versailles de 1781 ; les *Considérations sur la guerre actuelle des Turcs et des Russes*, par M. de Volney, Paris, 1788 ; et l'*Examen de ces considérations*, par M. de Peyssonnel, même date.

(*Note du Traducteur.*)

qu'esclaves. Aujourd'hui le peu de commerce que fait Tunis avec la côte opposée est entre les mains des Juifs, Maures et Chrétiens du pays, lorsqu'ils osent toutefois entrer en concurrence avec le prince et ses ministres.

CHAPITRE XVI.

Des monnaies, poids et mesures de Tunis, évalués entre eux et comparés avec ceux des autres pays.

Avant de donner un aperçu du commerce qui se fait à Tunis, il est à propos de faire connaître les monnaies, poids et mesures qui y sont en usage, et d'en indiquer les valeurs comparatives, tant sur les lieux que dans les pays étrangers.

La monnaie courante à Tunis, c'est-à-dire, celle particulière au pays, est divisée en *bourbins*, *aspres*, *carroubes* et *piastres*. Il y a aussi une pièce d'or appelée *mahboub* (1).

---

(1) Le *mahboub* ou *zer-mahboub*, qui a cours à Tunis, est le même qui est répandu dans tous les états du Grand-Seigneur ; cette monnaie se bat à Constantinople, à Alep et au Caire.

(*Note du Traducteur.*)

12 *bourbins* valent un *aspre*.
3 ¼ aspres —— une *carroube*.
16 carroubes —— une piastre.
4 ½ piastres —— un *mahboub*.

Telles sont les monnaies qui ont cours à Tunis; en matière de commerce, toutes les stipulations ont lieu en piastres et en carroubes ou seizièmes.

Le commerce de Tunis était, il n'y a pas longtems, limité aux places de Marseille et de Livourne, et il était fort rare que les opérations de change prissent une autre direction. Le cours entre Tunis et Marseille est fixé à 33 sous par piastres (1); il est, avec Livourne, dans la proportion de 300 piastres tunisiennes pour 100 piastres *à la rose*, ou, comme nous disons, de huit réaux d'argent (2).

Jadis la France et l'Italie exploitaient seules le commerce de Tunis; aujourd'hui que d'autres nations y prennent part, elles ont aussi un cours de change établi pour leurs monnaies.

---

(1) Ce change est sujet à des variations.
(*Note du Traducteur.*)

(2) Le *real de plata* ou d'argent est le dixième d'une piastre forte d'Espagne, et vaut conséquemment dix sous neuf deniers de France.
(*Note du Traducteur.*)

Le cours est fixé, avec Malte, à 24 *carroubes* pour un *scudo* (écu); avec Messine, à 9 piastres et 6 *carroubes* pour une once; avec Gênes, à 1 piastre pour 42 *soldi-fuor-di-banco;* avec Londres, à 15 piastres pour la livre sterling; et avec Smyrne, à 16 carroubes pour la piastre du Levant.

Les opérations de change ne sont pas aujourd'hui très-fréquentes; le peu qui s'en est fait ce printems (1808) ont été au cours suivant:

Londres,...... 15 piastres.
Marseille,..... 29 sous.
Livourne,..... 330 piastres.
Malte,....... 24 *carroubes*.
Gênes,...... 37 sous.
Trieste,...... $1\frac{1}{2}$ piastre par florin.
Messine,..... 8 piastres.
Smyrne,..... 14 *carroubes*.

Les traites se tirent à 50 jours de vue, à moins d'une convention particulière.

Outre la monnaie du pays, celle de divers états a cours à Tunis; l'évaluation est sujette à varier.

La piastre à la colonne (*peso colunario*) d'Espagne, vaut présentement $3\frac{1}{2}$ piastres de Tunis; le *thaler* de Hongrie (ou de Marie-Thérèse) vaut une carroube de moins; le sequin de Venise, 9 piastres; et le doublon, once ou quadruple d'Espagne, 55 piastres. Outre ce prix du change, ces diverses monnaies ont sur le pays un cours fixe et légal qu'il importe à connaître. La piastre-forte d'Espagne vaut $3\frac{1}{4}$ piastres de Tunis. Lorsqu'elle est à ce prix, le Beï la fait acheter pour l'usage de son trésor, ou pour la convertir en monnaie du pays. Le *thaler* de Hongrie vaut $3\frac{3}{16}$ piastres; le sequin vénitien, $7\frac{10}{16}$; le doublon, 50 piastres.

Les poids en usage à Tunis se divisent en onces, *rottoli* et *cantars* ou quintaux.

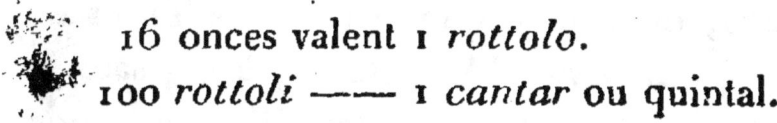

16 onces valent 1 *rottolo*.
100 *rottoli* ——— 1 *cantar* ou quintal.

En comparant ces poids avec ceux des autres pays, on trouve que 5 *rottoli* de Tunis n'en font que 3 de Malte; que 80 *rottoli* de Tunis font 120 livres de Livourne, 100 de Marseille, $87\frac{1}{2}$ d'Angleterre, 196 de Barcelone.

La mesure de longueur à Tunis se nomme *pico*, ou pic; il y en a de trois sortes différentes, dont l'usage s'applique à diverses espèces d'étoffes.

Le premier pic, qui sert à mesurer la toile et tous les tissus fabriqués dans l'intérieur, équivaut à $19\frac{1}{2}$ pouces anglais. Celui dont on fait usage pour toutes les marchandises, lorsqu'on ne les distingue pas, et qu'on appelle pic du Levant, est de 25 de nos pouces. Enfin le troisième, avec lequel on mesure le drap, est égal à 27 pouces, ou $\frac{3}{4}$ de la yard anglaise (1).

La mesure pour le grain se divise, à Tunis, en *zahs*, *houébas* et *cafis*.

12 *zahs* font. . . . . 1 *houéba*.
16 *houébas* —. . . . . 1 *cafis*.

Un *houéba* de bon blé est censé peser 50 rottoli.

En comparant ces mesures avec celles de divers pays, on trouve que le *cafis* de Tunis est égal à 1 $\frac{7}{8}$ *quarters* d'Angleterre, à 7 $\frac{1}{2}$ sacs de Livourne, à 10 quintaux de Marseille, à 7 $\frac{1}{2}$ *quartanos* ou 10 $\frac{1}{2}$ fanègues d'Espagne, à 1 *salmo* 14 *tomoli* de Malte.

On appelle *métal* la mesure d'huile ; elle pèse 32 *rottoli* du pays.

---

(1) Le pouce anglais étant moindre que le nôtre, il convient de faire ici l'évaluation des mesures tunisiennes d'après celles de France.

	pieds.	pouces.	lignes.	cent.
Petit pic.	1	6	3 $\frac{1}{2}$	495 $\frac{1}{2}$
Moyen pic.	1	11	5 $\frac{1}{2}$	635 $\frac{1}{4}$
Grand pic.	2	1	3 $\frac{1}{2}$	691 $\frac{1}{4}$

(*Note du Traducteur.*)

Cette mesure, comparée avec celles des autres pays, donne, pour 100 *métals*, 513 gallons anglais et un poids de 34 livres; un baril pesant 88 livres de Livourne. 3 $\frac{1}{2}$ *métals* font une *millerolle* de Marseille; 1 *métal* donne, à Barcelone, 4 $\frac{2}{3}$ *quartanos*; et 100 *métals* rendent, à Malte, 93 *cafis*.

Cependant le *métal* n'est pas une mesure uniforme pour tous les ports où se font les chargemens d'huile. C'est celui de Tunis que j'ai employé aux évaluations ci-dessus, ainsi qu'il est d'usage. Les autres sont dans la proportion suivante, savoir:

100 *métals* de Bizerte en donnent 110 de Tunis.
100 ——— de Monastier........ 120 *id.*
100 ——— de Soussa......... 125 *id.*
100 ——— de Média ou l'Africa.. 130 *id.*
100 ——— de Sfax.......... 137 $\frac{1}{2}$ *id.*
100 ——— de Suleïman....... 140 *id.*

La mesure de Porto-Farina est la même que celle de Tunis.

CHAPITRE XVII.

Des exportations du royaume de Tunis.

Le sol de Tunis est riche en produits propres à être exportés; mais les articles ne sont pas en grand nombre : ils ne consistent qu'en grains de diverses espèces, huiles de plusieurs qualités, laines, cuirs en poils et salés, cire, savons, et autres objets de moindre importance.

Grains.

Le blé de Tunis est d'une excellente qualité, et de l'espèce de celui qu'on appelle, en Levant, blé d'Albanie ou blé dur (1). Le grain en est

---

(1) Un fait que l'on m'a assuré, mais que je n'ai pu vérifier, c'est que le froment de France, semé en Barbarie, s'y abâtardit dans l'espace de trois ans au point de ne pouvoir plus se distinguer du blé indigène. Le blé de Barbarie ne peut se réduire en farine volatile :

rond et court, revêtu d'une peau épaisse et d'une belle couleur d'or.

Avant la famine dont j'ai déjà parlé plusieurs fois, l'exportation de toutes les espèces de grains était permise à Tunis; elle a cessé de l'être depuis l'époque où ce fléau se fit sentir. On calcule que la quantité de blé qui se recueille sur le pays dans les années abondantes s'élève à 480,000 *cafis* (1), et il y a toute apparence que, si l'agriculture était encouragée, la récolte serait deux fois plus considérable.

L'orge est aussi d'une bonne qualité à Tunis; la quantité qui s'en recueille est regardée comme égale, pour le moins, à celle du blé. La culture des fèves produit environ 12,000 cafis de ce

---

il ne donne que la *semoule*, telle qu'on la connaît à Paris, ce qui n'empêche pas qu'on n'en fasse un excellent pain, qui ne diffère en rien du meilleur pain français. En outre, la semoule est reconnue en Italie comme uniquement propre à la fabrication des macaronis, du vermicel et autres pâtes du même genre.
(*Note du Traducteur.*)

(1) Ou plutôt à six cent mille, suivant un excellent Mémoire que j'ai sous les yeux. Cette quantité, d'après l'autorité que je cite ici, est même susceptible de monter, dans les meilleures années, à un million de *cafis*.
(*Note du Traducteur.*)

légume; celle du maïs ou blé d'Inde en donne à peu près la moitié.

Le maïs ne se cultive, à proprement parler, que comme seconde récolte; et, par cette raison, il est plus abondant dans les années médiocres que dans les bonnes, parce que le laboureur s'efforce de compenser par là les pertes qu'il a faites lorsque la moisson ne remplit pas son espoir.

L'exportation des grains est assujétie à un droit qui se perçoit au profit du Beï; mais, comme il n'y a point à cet égard de tarif établi, le prix de la licence varie suivant les circonstances ou le caprice du prince. On appelle *tèskèrè* le permis d'extraction, de même que tous les ordres écrits qui émanent de l'autorité souveraine. Sous le règne du Beï actuel, le prix des *tèskèrès* est monté, par degrés, à un taux très-élevé, particulièrement ceux pour le blé, au point qu'il a cessé d'être avantageux d'en faire usage pour les spéculations au dehors. Les derniers qui ont été accordés pour l'exportation des grains ont coûté, savoir :

Blé, par *cafis*, ... 36 piastres.
Orge, *id.*, ... 18

Et il est présumable que ce prix sera maintenu pendant tout le reste de l'année (1808).

Huile.

Le sol de Tunis produit, dans une bonne année, une quantité d'huile d'olive évaluée à un million de *métals*. Tous les trois ans, la récolte des olives est susceptible d'augmenter (1).

On divise généralement l'huile de Tunis en deux qualités, quel que soit le lieu où elle se fabrique. Un quart environ de la quantité totale est d'huile à manger, si peu inférieure à celle de Toscane ou de Gênes, qu'on la transporte dans ces deux pays, où elle se débite sous le nom de celle qui s'y fabrique; les trois quarts restans sont propres à l'usage des manufactures de draps, de savons, etc. Mais, indépendamment des deux qualités distinctes dans lesquelles on classe les

---

(1) Quoiqu'il neige quelquefois à Tunis, et que la grêle n'y soit pas rare, la gelée y est totalement inconnue; aussi les oliviers n'y sont-ils pas sujets, comme en Provence et en Languedoc, à périr par le froid.

Le Mémoire que j'ai cité plus haut porte de deux à quatre cent mille *métals* la quantité d'huile que le pays peut produire, ce qui est bien loin d'un million. En général, rien de plus difficile que de juger, même approximativement, des richesses territoriales de ce pays et de tous ceux qui lui ressemblent.

(*Note du Traducteur.*)

huiles de Tunis, il existe des différences notables dans les espèces, selon le district qui les produit. Les connaisseurs prétendent distinguer au goût, ou à l'odorat, les six degrés de bonté qu'ils leur assignent; mais ils avouent qu'entre le premier et le dernier la différence ne s'élève pas au-dessus de quinze pour cent.

Voici quelle est la gradation des qualités :

Huile de Suleïmàn........ } 1re qualité.
  de Tunis............ }
  de Média ou Africa. } 2e.
  de Porto-Farina.... }
  de Soûssa.......... 3e.
  de Monastier...... 4e.
  de Sfax............ 5e.
  de Bizerte........ 6e.

C'est aussi d'après la décision très-variable du Beï que l'exportation des huiles est permise. Le prix du *tèskèrè* est fixé par lui dans la proportion des demandes qu'il présume devoir être faites de cette denrée. Cette année et la précédente (1807), la mesure ou *métal* de Tunis a payé un droit d'extraction de $2\frac{1}{2}$ piastres.

Laine.

La laine est un des objets les plus considérables d'exportation pour Tunis. On calcule qu'en tems de paix, la France et l'Italie en enlèvent annuellement 20,000 quintaux.

Les laines de Tunis sont de qualités très-variées. Il y en a une espèce qu'on dit être à peine inférieure à la meilleure d'Espagne, et l'on assure que les Français, qui la recherchent, l'emportent en France, où elle est lavée, préparée et assortie pour être renvoyée à Tunis, où elle s'emploie à la fabrication des calottes ou bonnets comme véritable laine de Ségovie. D'autres qualités sont plus communes; d'autres encore sont tout à fait grossières. Les espèces moyennes s'expédient à Marseille, où les fabricans du Languedoc les achètent pour l'usage des manufactures de draps, après qu'elles ont été lavées et assorties suivant la qualité.

L'espèce et le degré de bonté des laines sont aussi très-variables, même dans les qualités supérieures, selon les pays qui les produisent. Cet article tire son plus ou moins de valeur du sol où il a été recueilli, et de la quantité plus ou moins considérable de sable et de poussière que l'on y mêle pour en augmenter le poids, chaque district ayant une manière différente de pratiquer cette fraude. Il y a un canton où les bergers se servent à cet effet d'un moyen très-singulier. Par un tems chaud et sec, et avant de tondre les brebis, ils leur donnent la chasse au milieu des sables, jusqu'à ce qu'une longue course leur ait causé une forte transpiration. Le sable fin et la poussière, que ces animaux soulèvent dans leur course précipitée, s'introduisent dans leur toison, et y contractent une forte adhérence par l'effet de la sueur. Cet exercice, répété plusieurs jours, réussit de telle sorte, que le poids de la laine est quelquefois moindre que celui du sable qui s'y trouve mêlé; en outre, les particules les plus déliées de la poussière pénètrent dans les pores même de la laine, et s'y incorporent au point de ne pouvoir en être séparées qu'avec une extrême difficulté : aussi le lavage produit-il un déchet considérable. On assure que cette opération fait perdre à la laine des environs de Tunis jusqu'à quarante pour cent; à celle de Soûssa, de quarante-cinq à cinquante; et à celle de Sfax, de cinquante à cinquante-cinq.

La saison convenable à l'emplette des laines est le mois de juin, tems auquel les Arabes les apportent au marché. En les achetant par petites quantités, le prix en paraîtra d'abord plus élevé que si on traitait en gros avec les spéculateurs; et cependant c'est cette dernière méthode qui est la moins avantageuse, parce que ceux qui achètent de la première main pour revendre ensuite aux Européens, commencent par trier la laine, pour en séparer les qualités supérieures; après quoi ils mêlent au reste de la boue, du sable et toutes sortes d'ordures pour en augmenter le poids.

L'extraction de la laine n'est pas entravée par des restrictions trop rigides; elle est affermée à une compagnie qui en paie le privilége au Beï, et qui se contente d'un droit de sortie d'une piastre et demie par quintal, fixé par le prince. La consommation de laine fine est immense dans le pays, principalement à *Djérba* et ses environs, où il se fabrique des quantités considérables de *châles* (1) d'un tissu magnifique, et qui ressemblent même à ceux de Cachemire. Les châles sont en usage parmi les membres du gouvernement et autres personnes de distinction. On fabrique également à *Djérba* de grandes quantités d'une étoffe dont on fait les *b'rnous*, espèce de manteaux communs aux riches et aux pauvres, de même que des couvertures, qui sont tout à la fois chaudes, souples et légères. La laine qui sert

---

(1) Pourquoi s'osbtine-t-on à écrire *shawl* d'après l'orthographe anglaise? Ce mot, qui est de toutes les langues orientales, doit en français s'écrire *châle*: il est inutile d'emprunter l'orthographe des Anglais pour un mot qui n'est pas plus de leur langue que de la nôtre: l'essentiel est de rendre la prononciation par les lettres qui en approchent le plus.

(*Note du Traducteur.*)

à manufacturer ces tissus est de la première qualité, et elle n'est guère inférieure, si même elle l'est en rien, à la plus belle laine d'Espagne.

Cuirs.

Les cuirs tiennent encore une place considérable dans les exportations de Tunis. La guerre avec Alger a fait le plus grand tort à cette branche de commerce, parce que la majeure partie des cuirs qui s'exportaient de Tunis venait des districts limitrophes des deux régences. Aujourd'hui on n'évalue pas à plus de cent mille peaux la quantité qu'il est possible d'en rassembler chaque année (1).

Les cuirs sont affermés à une compagnie qui, seule, a le droit de les expédier au dehors; et ce monopole est encore une des branches du revenu

---

(1) Alger n'a pas plus gagné que Tunis à cet état de chose. La compagnie française d'Afrique faisait autrefois des marchés considérables en cuirs secs et salés; maintenant cette source abondante de profits est tarie comme toutes les autres. Un négociant espagnol, qui n'avait réussi à se faire adjuger la ferme des cuirs que parce que personne n'en voulait, y a fait de si mauvaises affaires, qu'il est à la chaîne pour ses dettes depuis plusieurs années.

(*Note du Traducteur.*)

de la régence. Les cuirs de Tunis sont petits comme le bétail; la compagnie les fait rassembler dans toute l'étendue du territoire par le moyen de ses agens. On les sale à Tunis pour les exporter. C'est la compagnie qui en fixe le prix, et qui expédie elle-même, en France, en Italie, et depuis peu à Malte, la plus grande partie de ceux qu'elle achète. Huit peaux salées pèsent environ un quintal d'Angleterre. Celles qu'on tire des confins du territoire sont séchées et vendues au poids, tandis que celles qui ont subi la salure se vendent à la pièce.

Cire.

La cire que produit le pays est d'une excellente qualité; elle s'expédiait autrefois en totalité à Livourne. La quantité qu'on en recueille chaque année n'excède pas 250 quintaux. La même compagnie, qui a le privilége des cuirs, a aussi celui de la cire, et l'expédie par elle-même à Livourne et à Malte, au moins en grande partie, à moins que le débit n'en soit aussi avantageux sur les lieux mêmes, circonstance dont elle est toujours exactement informée.

Savon.

Il se fabrique de fortes quantités de savons dans le royaume de Tunis. Le barille ou soude du pays est parfaitement bonne; et, quoiqu'on n'en brûle point pour le commerce étranger, il ne laisse pas d'y en avoir suffisamment pour la fabrication de telle quantité de savon qui peut être demandée (1).

Il est impossible de déterminer le produit des manufactures de savons répandues dans le royaume, parce qu'il dépend uniquement des demandes qu'on en fait; mais il est facile de s'en procurer autant qu'on en veut, sans être obligé d'avertir long-tems à l'avance. Il y en a de deux sortes, liquide et en briques. On estime beaucoup le premier, qui n'est composé que de barille et d'huile pure. Le savon dur, qui se fabrique avec le marc de l'huile, passe pour être d'une force extrême. C'est à Soûssa qu'en est la principale manufacture; mais il s'en fabrique aussi dans d'autres villes, quoiqu'en moindre quantité. Il semblerait avantageux à l'Angleterre de se pourvoir de cet article dans les ports de Tunis, lorsque la guerre vient à lui fermer la Baltique, où elle s'approvisionne ordinairement

---

(1) Il s'exportait anciennement trente mille quintaux de ces soudes sous le nom de *bourdes* de Tunis; dans le commerce, elles passent pour inférieures à celles d'Espagne et de Sicile.

(*Note du Traducteur.*)

du suif dont elle a besoin pour ses fabriques. Ces deux espèces de savon sont bonnes, et le prix en est avantageux pour le spéculateur.

Lorsqu'on achète du savon en briques, il est important de s'assurer de son âge, parce que le savon nouvellement fabriqué est sujet à sécher, jusqu'à perdre quarante pour cent; quant au savon liquide, il n'est pas susceptible de diminuer de poids; il suffit d'en vérifier la qualité, et de s'assurer qu'elle est uniforme dans toute la capacité de la jarre.

Telles sont les principales denrées indigènes que le commerce de Tunis fournit à l'exportation. On compte cependant encore diverses sortes d'articles de moindre importance, provenant tant de l'intérieur des terres que des états voisins, et dont Tunis est le marché.

Dattes. C'est le fruit du palmier-dattier. On les apporte de l'intérieur, et l'on en expédie annuellement, pour la France, l'Italie et Malte, environ 300 quintaux (1).

Séné. Tunis reçoit encore cette drogue de

---

(1) Le Mémoire déjà cité porte à deux cent mille quintaux la récolte des dattes dans le *Beled-el-Dgérid*; de cette quantité, la plus grande partie se consomme dans le pays; mais il s'en perd beaucoup, ce fruit étant sujet à se gâter. (*Note du Traducteur.*)

l'intérieur de l'Afrique; la quantité ordinaire est d'environ 500 quintaux par année.

Garance. Il en vient beaucoup à Tunis de l'intérieur des terres et des confins de Tripoli. Cette racine est ici d'une qualité à peu près semblable à celle de Smyrne; mais elle est plus fraîche, plus exempte d'ordures, et d'un prix moins élevé.

La pêche du corail, qui se fait aux environs de Tabarque, mérite aussi quelque attention. Il serait difficile de donner une idée un peu exacte de cette pêche, les hommes du pays étant trop ignorans, ou, si l'on veut, trop rusés pour fournir des détails sur cette matière. Le terme moyen de plusieurs années donne un nombre de cent soixante barques, ou environ, annuellement occupées à cette pêche, et montées chacune de dix hommes. Les corailleurs viennent presque tous de Sicile ou de Naples, et chaque bateau paie un droit pour avoir la permission de pêcher. Le produit de la pêche, ordinairement rassemblé à Tunis, ou vendu à Tabarque, se transporte en Italie et en France.

Il y a lieu de croire que la pêche du corail est d'une grande importance pour les Français, puisqu'ils ont un agent et quelques autres personnes à Tabarque pour veiller aux intérêts nationaux.

Essence de rose. L'essence ou huile de rose qui se distille à Tunis est d'une excellente qualité. Cet article serait en lui-même trop peu considérable pour mériter une place dans les produits qui s'exportent de Tunis, si ce n'était à cause de son extrême bonté, surtout de celle de l'huile de roses blanches (1). La plus grande partie se consomme dans le pays; et, quoique l'essence qui se fabrique en Levant soit aussi d'un grand usage, celle dite *nizéré*, ou de roses blanches de Tunis, jouit d'une si grande réputation, que le *métical* (2) s'en vend jusqu'à soixante-dix et quatre-vingts piastres, tandis que celui d'essence du Levant n'en coûte que cinq.

Plumes d'autruche. C'était jadis un article assez considérable d'exportation de Tunis à Li-

---

(1) On fait aussi, mais en très-petite quantité, de l'huile de jasmin; elle est d'un prix trois fois plus élevé que celle de rose. L'une et l'autre servent principalement à donner au tabac du pays (qui a quelque rapport avec celui d'Espagne par la couleur et la finesse, sans être, comme celui-ci, mêlé de terre rouge) une saveur charmante et très-forte, que les gens du pays supportent sans inconvénient.
(*Note du Traducteur.*)

(2) Fraction de poids qui équivaut à cinquante décigrammes de France. (*Note du Traducteur.*)

vourne. On les tirait de l'intérieur de l'Afrique par le moyen des caravanes de *Gdamsia* (1). Depuis quelques années, on n'en apporte plus autant qu'autrefois, peut-être à cause de la difficulté de les transporter en Italie (2). Mais il n'est pas douteux que cet article ne redevînt très-abondant, s'il était plus recherché.

---

(1) Ou *Fadoûmès*. C'est une vaste province située au sud du royaume de Tripoli; on trouve ce nom diversement orthographié sur nos cartes.

(*Note du Traducteur.*)

(2) Je crois que M. Maggill se trompe : l'Angleterre avait, avec les Barbaresques, une convention en vertu de laquelle ceux-ci pouvaient librement transporter en France et en Italie toute marchandise du crû de leur pays, pourvu que ce fût sous leur propre pavillon; tout autre commerce leur était interdit sous peine de confiscation. (*Note du Traducteur.*)

CHAPITRE XVIII.

Des caravanes que Tunis reçoit, et de celles qui en partent.

Dans le cours de l'année, il arrive à Tunis diverses caravanes, dont les principales sont celles de l'intérieur de l'Afrique, et, en tems de paix, celles de Constantine et autres districts d'Alger voisins de Tunis. Il en vient aussi quelques-unes des parties du territoire éloignées de la capitale; mais ces dernières ne sont pas d'une grande importance pour le commerce.

Il arrive annuellement à Tunis trois caravanes de l'intérieur; on les appelle caravanes de *Gdamsia;* elles apportent de la poudre d'or, du séné, des plumes d'autruche et des esclaves noirs. Quoiqu'il y en ait qui amènent jusqu'à deux cents nègres, on ne les considère nullement comme importantes, et leur arrivée ne cause pas grande sensation sur le marché de Tunis. Les retraits de ces caravanes consistent en draps, mousselines, toiles, soieries, cuirs rouges propres à la chaussure, épices et cochenille pour la teinture de la soie. On évalue à soixante quintaux la quantité de ce dernier article vendue aux caravanes; c'est le seul qui soit de quelque importance, car tout le reste est de peu de valeur. Les caravanes de Constantine, au contraire, lorsque la guerre en permettait l'expédition, étaient d'un grand intérêt pour le commerce de Tunis; elles venaient ordinairement une fois par mois, et n'étaient pas moins considérables pour les valeurs qu'elles apportaient que pour les bénéfices qu'y faisait le marchand : en argent seulement, les sommes montaient quelquefois à 100,000 piastres-fortes d'Espagne, qu'on recherchait à Tunis pour les retraits. Ces monnaies étaient aussi coupées au balancier pour l'usage du pays, circonstances que les Juifs trouvaient fort de leur goût, en ce qu'elle leur donnait une belle occasion d'exercer le talent qu'on leur connaît à rogner les espèces (1).

---

(1) L'origine de cette méthode de rogner les piastres ne m'est pas bien connue. Je sais seulement que la compagnie d'Afrique trouvait un grand bénéfice à couper les piastres d'Espagne pour les réduire à la valeur d'environ trois francs, et qu'elle avait à la Calle, chef-lieu de ses établissemens en Barbarie, un balancier pour cet usage. Les rognures étaient ensuite transportées

Les articles bruts qu'apportaient les caravanes de Constantine, consistaient en cire vierge, en peaux sèches, tant de bœufs que de diverses espèces d'animaux sauvages, mais surtout en immenses troupeaux de bœufs et de moutons.

Les retraits se composaient de drap, mousseline, toile, soie tant écrue que travaillée, marchandises coloniales, calottes de Tunis, drogues, essences et épices.

Les caravanes de Constantine étaient pour Tunis une source de gros bénéfices, et procuraient un grand débit aux denrées d'exportation, comme à celles d'importation. Aujourd'hui qu'elles n'arrivent plus, le commerce en ressent vivement la privation, et chacun maudit la guerre avec Alger, à cause de la stagnation des affaires, et aussi parce qu'elle produit, à tous autres égards, un état de malaise et d'incertitude dont on désire vivement la fin.

à Tunis, où on les vendait au poids. Il n'est pas étonnant que les Juifs, toujours à l'affut des moyens de gagner, aient promptement éventé cette source de profits, et aient tenté de la partager. De plus, le moyen grossier et sans apprêt qu'on emploie pour réduire les piastres donne aux Juifs la facilité d'y repasser impunément la lime ou l'emporte-pièce.

(*Note du Traducteur.*)

Les principales caravanes que Tunis reçoit des points de son territoire les plus éloignés, sont celles de *Djérba*, qui apportent des étoffes de laine fabriquées dans le pays, et dont l'usage est commun à toutes les classes d'habitans. Les retours sont de peu de valeur; ils consistent en quelques articles importés à Tunis, tant en denrées coloniales qu'en objets manufacturés.

Il arrive aussi des caravanes du *Béled-el-Dgérid* (vulgò *Bildulgérid*), ou pays des dattes; mais le peu qu'elles apportent se réduit à des dattes et à quelques étoffes de laine de l'espèce la plus grossière. Les retraits se bornent à fort peu de chose; ils se composent de quelques marchandises fabriquées et d'une petite quantité de sucre et de café.

CHAPITRE XIX.

Des principales manufactures du royaume de Tunis, particulièrement de celles de bonnets ou calottes, étoffes de laine et maroquins.

Les arts et métiers, comme on peut facilement l'imaginer, sont dans un grand état d'imperfection à Tunis. Dans toute l'étendue du pays, on ne trouve, outre les fabriques de savon dont nous avons déjà parlé, que trois espèces de manufactures; savoir : celles de bonnets, de tissus de laine, et de maroquin.

De tems immémorial, Tunis jouit d'une grande célébrité pour ses bonnets, ou *chéchias*, dont l'usage s'étend à toutes les classes de Musulmans, de Juifs et de Chrétiens qui portent le costume oriental, et se rasent conséquemment la tête.

Anciennement Tunis était à peu près le seul lieu où l'on fabriquât ces coiffures; mais, comme j'ai déjà eu occasion de le dire, Marseille et Livourne ont réussi à les imiter. Les quantités que ces deux villes en expédient, et le bon marché qu'elles y mettent, ont considérablement diminué les demandes que Tunis en recevait dans d'autres tems, mais n'ont pu jusqu'ici faire oublier la supériorité des modèles : les bonnets fabriqués en Europe n'égalent ceux de Tunis ni en couleur, ni en finesse, ni en durée.

Cette espèce de manufacture est donc la plus importante pour les états du Beï : elle alimente des milliers d'habitans, et fait circuler des sommes considérables dans toute l'étendue du pays. Suivant les calculs les plus modérés, cette fabrication employait autrefois cinquante mille individus, et l'on y consommait annuellement trois mille balles de laine d'Espagne ; maintenant elle est réduite au tiers de son ancienne activité. La balance du commerce en faveur de Tunis était, pour ce seul article, d'environ sept millions de piastres par an, en y comprenant le prix des laines et des teintures importées. Aujourd'hui même, en réduisant ce produit, fût-ce des deux tiers, on verra de quelle importance une pareille branche de commerce doit être pour un état tel que Tunis.

Je vais entrer dans les détails de la fabrication.

On commence par peigner la laine et par la filer de manière à produire un brin assez gros, mais soyeux, qu'on tord pour en tricoter un bonnet de forme conique, à peu près de celle de nos bonnets de coton. Dans cet état, on le fait imbiber d'huile; puis on l'adapte sur une forme de bois, que l'ouvrier fait tourner sur ses genoux, en rapprochant le tissu jusqu'à ce que le bonnet soit réduit au tiers de sa grandeur primitive. Lorsque le tricot est parvenu à un degré suffisant d'épaisseur, on s'occupe avec soin du lainage. Cette opération se fait au moyen d'une espèce de chardon ou de bardane, que la nature semble avoir produite pour cet usage, et qui sert à *draper*, comme pourrait faire une carde ou brosse. Le bonnet est ensuite tondu avec de grands ciseaux, de manière à ne laisser le poil que dans la longueur convenable à la beauté du tissu. Lorsque le bonnet est parvenu à cet état de fabrication, il se trouve réduit à la dimension d'une calotte semi-sphérique. C'est à *Zaouàn*, situé à trente milles de Tunis, qu'il reçoit la teinture, laquelle est, pour l'ordinaire, d'un cramoisi foncé. On remarque que les eaux de *Zaouàn* sont les seules propres à cet usage dans tout le royaume, et qu'elles donnent à la couleur un degré de vivacité qui ne résulterait pas de toute autre eau du pays. On croit même qu'il n'en existe aucune susceptible de produire une couleur aussi vive ni aussi solide, car celle des bonnets teints à *Zaouàn* ne s'altère jamais. Après avoir subi ce procédé, les bonnets sont renvoyés au fabricant, qui les fait de nouveau mettre en forme, *lainer* et tondre avec plus de soin encore que la première fois. Après cette seconde préparation, les bonnets sembleraient presque un tissu du plus beau velours.

C'est à tort qu'on a cru que les bonnets de Tunis étaient tricotés doubles, comme nos bonnets de nuit : le tissu en est simple, et ce n'est qu'en les tournant sur la forme pour le rapprocher, qu'on donne aux bords l'apparence d'un tricot double.

Lorsque toutes ces opérations sont terminées, le fabricant examine soigneusement chaque pièce pour en faire disparaître jusqu'au plus petit défaut. On attache ensuite au sommet de la calotte une petite touffe de soie filoche d'un beau bleu, et ce procédé est le dernier.

La fabrique de bonnets de Tunis est sur un pied dont pourrait s'honorer en Europe toute nation manufacturière, et cette branche est organisée avec une sagesse qu'on n'aurait pas lieu d'attendre dans un pays soumis à un pareil gouvernement, et qui n'est que dans l'enfance de l'état social.

Le Beï fixe tous les ans le prix de la laine d'Espagne qui sert à la fabrication des bonnets ; sur ce point il se laisse guider par l'avis des manufacturiers, auquel il joint naturellement sa propre expérience. Au moyen de cette fixation, le spéculateur en laines d'Espagne ou autres sait d'avance à quel prix il pourra les vendre à Tunis. Nul acheteur ne peut enchérir sur le prix établi, et il y a des réglemens sévères pour prévenir le monopole. Par exemple, il est défendu d'acheter les laines par parties excédant cinq balles, et le tout doit passer par l'examen de l'*Emîn*, qui est comme le prévôt du corps (1). Cette espèce de syndic fait l'inspection de la laine qu'on apporte au marché ; il doit la diviser en plusieurs sortes, et faire les parts de manière à empêcher tout monopole, afin que chaque fabricant ait de l'occupation. Mais tout manufacturier ou débitant de bonnets, qui veut spéculer pour son propre compte, est le maître de faire venir des laines d'Europe en telle quantité qu'il lui plaît, et de fabriquer autant de bonnets que bon lui semble.

Par un autre réglement, tous les bonnets, lorsqu'ils sont prêts à livrer, doivent passer par l'inspection de l'*Emîn* avant d'être pliés en pa-

---

(1) Chaque branche de commerce est dirigée à Tunis par un nombre de députés pris dans la profession même, lesquels ont pour chef un *Emîn*. Ce chef juge tous les différends qui peuvent s'élever entre les marchands du corps qu'il préside ; et si les parties refusent de reconnaître sa décision, elles peuvent avoir recours au Beï.

pier, sous peine de confiscation. Cet examen sert à maintenir la réputation de cet objet important.

On fait à Tunis des bonnets de qualités très-variées, tant pour l'usage du pays et des autres états barbaresques que pour celui du Levant, qui en est le principal marché. Ceux qu'on fabrique pour la Turquie sont de trois différentes espèces. Les premiers s'appellent bonnets de *Stambol*, c'est-à-dire, de Constantinople; ils sont d'une grande dimension, et à l'usage des soldats du Grand-Seigneur. Une balle de laine de deux quintaux ne donne pas de matière pour plus de vingt-cinq douzaines de bonnets de cette grandeur. Les seconds portent le nom de *sakis* ou *sciotes*, qui leur vient de l'île de Scio; ils servent de coiffure aux Turcs, Grecs, Arméniens et Juifs, qui s'habillent à la longue, et même aux soldats, qui les mettent sous les plus grands dont j'ai déjà parlé. On en fabrique cent douzaines dans une balle de laine. Ceux de la troisième espèce s'appellent *haram*, mot qui exprime toute chose réservée ou secrète, et qu'on applique, par cette raison, aux calottes destinées aux femmes et aux enfans. Celles-ci sont les plus petites de toutes; une balle de laine en produit deux cents douzaines. Il y en a une autre espèce mixte, à laquelle on donne le nom italien de *bastardi*, c'est-à-dire, défectueux; ce sont en effet ceux de rebut, qu'on sépare des autres, et qu'on vend pour ce qu'ils sont.

Les étoffes de laine qui se fabriquent dans le pays, particulièrement à *Djérba*, sont d'un tissu mince et léger, ressemblant à celui d'une serge moelleuse. On y emploie la plus belle laine du pays, et l'on peut dire que le travail en est parfait. Les Maures de toutes les classes s'habillent de ces étoffes, chacun selon ses moyens, et il y a des milliers d'habitans dont tout le vêtement consiste en une calotte rouge et une espèce de grande couverture blanche qui leur fait plusieurs plis autour du corps; d'autres ont des turbans et des tuniques de laine ; enfin la plupart portent un manteau appelé *b'rnous* en langue du pays. Les femmes s'enveloppent dans une robe de gaze de laine, quelquefois rayée de soie ; beaucoup portent des châles longs et carrés de la même espèce de tissu. Les couvertures de lit sont aussi de cette étoffe ; elles sont chaudes, légères et moelleuses. Indépendamment de l'immense consommation qui se fait de ces articles dans le pays même, il s'en expédie beaucoup en Levant et en Europe. Les châles, ordinairement teints de vives couleurs, sont répandus dans toutes les parties de l'empire ottoman.

On ne saurait donner une idée juste des produits de ces manufactures; on sait seulement qu'elles emploient un nombre prodigieux de bras sur les différens points du territoire, et qu'elles consomment annuellement des milliers de quintaux de laine.

Les maroquins sont encore un article considérable de fabrication. Il s'en exporte régulièrement de grandes quantités, et la plupart des Maures font usage de bottes ou de pantoufles de cuir rouge. La consommation intérieure du maroquin est à elle seule un objet important.

CHAPITRE XX.

Des monopoles de la régence de Tunis.

A L'EXEMPLE des princes ignorans qui calculent mal et les intérêts de leurs sujets et les leurs propres, le Beï de Tunis, non-seulement permet, mais même encourage les monopoles (1). A présent la plus grande partie des denrées du pays sont affermées au plus offrant, et il n'y aurait rien d'étonnant à ce que les grains et l'huile, jusqu'ici exceptés de l'application de ce système, finissent par y être assujettis comme tout le reste.

Le plus considérable de ces *appalti* (2) a pour adjudicataires une compagnie de Juifs appelés

---

(1) Nous venons cependant de voir dans le chapitre précédent les soins que ce prince a pris pour empêcher les monopoles sur la laine. (*Note du Traducteur.*)

(1) *Appalto*, mot italien qui signifie fermage ou abonnement.

(*Note du Traducteur.*)

Giornati (1). Cet *appalto* a pour objet les cuirs, la laine, la cire et le tabac. La moitié de cette société de fermiers doit se composer de Juifs du pays portant turban, l'autre moitié de Juifs européens, qu'on distingue par leurs chapeaux.

Les *Giornati* rassemblent, dans toutes les parties du territoire, les cuirs destinés à la vente, et dont le prix est fixé à cinq carroubes la pièce (environ six sous de France). Les agens employés par la compagnie à ces achats, envoient les peaux à Tunis, où elles sont détirées, étendues et salées, car on sale toutes celles qui s'exportent. Jadis les *Giornati* ramassaient jusqu'à trois cent mille peaux par an; mais aujourd'hui ce nombre, à ce qu'ils disent, est réduit au tiers, diminution qui ne peut être que l'effet de la guerre avec Alger, parce que les envois de bétail qui se faisaient de la province de Constantine ont entièrement cessé. Mais, à en juger par l'empressement des Juifs à se faire aggréger à la compagnie, il est à croire qu'ils ne disent pas tous les profits qu'elle en tire.

Les peaux que la compagnie achète sont, ou expédiées pour son propre compte, ou vendues

---

(1) Autre mot italien dérivé de *giorno* (jour), et dont je ne saisis pas bien le rapport.

(*Note du Traducteur.*)

sur le pays pour être exportées, selon que le bénéfice est plus grand; mais en général la presque totalité passe à l'étranger, et il serait difficile d'être mieux informé que ne le sont ces négocians du cours des marchés européens.

La quantité de cire que peuvent se procurer les *Giornati* n'est pas fort considérable, parce qu'ils en tiraient autrefois la plus grande partie de Constantine; aujourd'hui les achats n'excèdent pas deux cents quintaux. Ce sont les Bédouins qui leur vendent cette denrée au prix de 8 $\frac{1}{2}$ piastres par quintal. La compagnie expédie ordinairement la cire pour son propre compte, y ayant peu de spéculateurs qui soient tentés de la lui payer au prix de 280 piastres qu'elle en demande. Au reste, il doit s'en exporter assez peu, parce que la maison du Beï et celles des princes s'éclairent avec la bougie fabriquée dans le pays (1).

Quoique la laine soit un article qui entre dans le marché dit *appalto*, la compagnie n'a pas le droit de l'emmagasiner, et son privilége se borne à rassembler ce qui peut s'en exporter. Autrefois

---

(1) La bougie de Tunis est si chère et si mal fabriquée, que les Européens trouvent de l'avantage à en faire venir de Marseille, où elle est cependant d'un prix plus élevé qu'à Paris même.

(*Note du Traducteur.*

le Beï permettait à cette compagnie de lever un droit de quatre carroubes (cinq sous) sur chaque quintal de laine qui s'expédiait au-dehors; maintenant il lui permet d'exiger une piastre par quintal. Quant à la laine qui se consomme sur les lieux, elle est exempte de tout droit de la part de la compagnie. Tous les tabacs vendus dans le pays, tant en gros qu'en détail, paient aux fermiers de l'*appalto* un droit de quelques carroubes par *rottolo*.

La compagnie a conclu cette année son marché avec le Beï pour la somme de 200,000 piastres; dans d'autres tems, elle en payait jusqu'à 300,000. Indépendamment de ce contrat pécuniaire, elle s'engage à fournir des draps pour l'habillement des troupes de la régence, à un prix qui lui fait perdre vingt-cinq pour cent sur les envois qu'elle tire à cet effet tant de France que de Malte; elle est encore obligée de pourvoir la maison du Beï de la cire qui s'y consomme, au prix qu'elle la paie dans le pays.

Un autre *appalto* a pour objet le monopole des principales espèces de vivres, telles que viande, pain, légumes, fruits, etc. Le profit en est plus considérable encore que celui du précédent, car le Beï en a retiré cette année (1808) une somme de 300,000 piastres, laquelle, jointe au bénéfice des fermiers, forme un impôt qui retombe sur toutes les classes de consommateurs.

Les douanes, sur tous les points du royaume, sont aussi affermées, et le contrat en a été passé cette année moyennant 240,000 piastres ; l'an dernier elles en avaient rendu 300,000; mais les adjudicataires ont trouvé moyen de faire entrer en considération les pertes qu'ils disent avoir essuyées.

Tels sont les principaux monopoles qu'exerce le Beï de Tunis, et dont il tire une portion de son revenu. Il y en a quelques autres encore, mais de moindre importance, et qui rapportent peu au trésor, tout en étant fort à charge au peuple.

CHAPITRE XXI.

Des importations qui se font à Tunis.

C'est une remarque généralement faite par tous ceux qu'une longue résidence à Tunis a mis à portée de bien observer le pays, que, depuis vingt ans environ, le commerce, tant actif que passif de cet état, est considérablement augmenté (1). Les exportations se sont accrues dans

---

(1) L'auteur se contredit ici sans y songer, et c'est ce qui lui arrive quelquefois. Au reste, il paraît n'avoir pas rendu assez de justice à l'administration de *Hamôuda-Pacha*, qui n'est assurément pas le plus mauvais prince dont le nom figure dans les annales de Tunis. « J'ai de grands projets, dit-il quelquefois, et il y a » bien des abus que j'espère un jour faire disparaître; » mais personne ne connaît tous les obstacles qui m'ar- » rêtent, et tous les préjugés que j'ai à combattre. » On ne saurait blâmer ce prince d'avoir soutenu une guerre qui avait pour objet de conquérir son indépendance et de s'affranchir d'un tribut peu onéreux, mais

la proportion d'un tiers, particulièrement pour l'huile, et les importations d'un quart pour le moins.

Mais, quoique cet accroissement ait pu se faire sentir pendant le cours de cette période, ce serait une erreur de croire que les dernières années ont eu leur part de cette prospérité : il n'y a pas long-tems que la peste et la famine ont ravagé le pays, et à peine le peuple commençait-il à respirer, que le fléau de la guerre est venu se faire sentir. Il est impossible qu'une pareille accumulation de maux n'ait pas produit un effet funeste sur le commerce.

Je donnerai ci-après une notice aussi exacte que je pourrai de la consommation qui se fait à Tunis, des marchandises de l'Europe et de celles de l'Amérique, tant dans les années de paix, de santé et d'abondance, que dans celles de guerre, de peste et de disette.

De tems immémorial, Tunis tirait de la France tous les articles d'importation que consommait le pays : l'extrême voisinage rendait les communications aussi promptes que faciles, et mettait

---

humiliant, ni d'avoir eu ses états ravagés par la famine et la contagion.

(*Note du Traducteur.*)

les Français à même d'étudier les besoins et les goûts des Maures, tandis que la souplesse et la versatilité de leur caractère leur permettaient de se conformer sans peine aux mœurs des Musulmans (1).

Draps.

Le drap était un des articles les plus importans du commerce français en Barbarie. L'état de Tunis offrait à lui seul un débouché très-lucratif aux manufactures de la France, et la consommation annuelle, dans les tems prospères,

---

(1) Cela ne s'accorde point avec le reproche, peut-être fondé, qu'on ne cesse de faire aux Français de se faire haïr des étrangers par leur légèreté dédaigneuse, et par leur obstination à ne vouloir jamais se prêter aux mœurs des autres peuples. Je pense qu'une longue habitude de traiter avec les Musulmans, ainsi qu'une ligne de démarcation dès long-tems tracée, et très-difficile à franchir, ont produit l'effet que l'auteur attribue mal à propos à la versatilité du caractère français. Au reste, puisque les Anglais, bien plus habiles négocians que nous, sont parvenus à établir leur commerce en Barbarie sur les ruines du nôtre, il faudrait donc en conclure, selon l'auteur, qu'ils doivent à la souplesse de leur caractère les avantages qu'ils nous ont enlevés; supposition dont il est inutile de démontrer l'absurdité.

(*Note du Traducteur.*)

montait à cent cinquante balles de draps, chacune de douze pièces, mesurant, l'une dans l'autre, environ vingt-huit pics.

Dans les expéditions de draps que les Français faisaient à Tunis, on avait soin d'étudier les goûts et jusqu'aux fantaisies des Maures, tant dans la qualité que dans la couleur de l'étoffe. On ne mettait pas moins d'attention à donner aux balles la valeur et le volume qui les mettaient à la portée de tous les acheteurs, autrement ceux-ci auraient pu être obligés de demander crédit, faute de pouvoir payer la totalité comptant. Cet exemple est très-important à suivre pour tous les articles quelconques de commerce, parce que les Barbaresques n'ont aucun sentiment d'honneur et de probité, et que, la religion n'autorisant point l'intérêt de l'argent comme en Europe, il n'y a pas de loi qu'on puisse invoquer pour se le faire payer.

Les draps les plus en usage à Tunis sont les *londrins* et les *mahouts*; la consommation s'en fait dans la proportion de deux tiers pour la première espèce, et d'un tiers pour la seconde.

On divise les *londrins* en deux qualités, première et seconde, dont la consommation est à peu près égale. Le *londrin-premier* doit avoir deux pics un quart de large; et l'assortiment des couleurs dans une balle doit être comme il suit :

2 pièces, couleur sang-de-dragon.
2 id. . . . . . écarlate.
2 id. . . . . . bleu-ciel foncé.
2 id. . . . . . citron.
1 id. . . . . . bleu-de-roi.
1 id. . . . . . amaranthe.
2 id. . . . . . vert-de-gris éclatant.

Le prix de cette qualité de drap est aujourd'hui de sept piastres le pic.

Le *londrin-second* doit avoir deux pics et demi de large, et être assorti, pour la couleur, dans les proportions ci-après :

3 pièces, couleur écarlate.
2 id. . . . . . bleu-ciel foncé.
1 id. . . . . . bleu-de-roi.
1 id. . . . . . or éclatant.
1 id. . . . . . pourpre.
2 id. . . . . . sang-de-dragon.
1 id. . . . . . violet.

Le prix de cette seconde qualité est aujourd'hui de six piastres le pic.

Le drap *mahout*, ou d'Aix-la-Chapelle, de deux pics un quart de large, doit avoir l'assortiment suivant pour la couleur.

3 pièces couleur bleu-de-ciel foncé.
2 id. . . . . . écarlate.

1 pièce, couleur citron.
1 *id.* . . . . . bleu-de-roi.
1 *id.* . . . . . pourpre.
1 *id.* . . . . . café.
1 *id.* . . . . . rose.
2 *id.* . . . . . sang-de-dragon.

Cette espèce de drap vaut actuellement douze piastres le pic environ.

Quoique les couleurs désignées ci-dessus soient celles qui ont généralement le plus de débit, il en est d'autres encore qui conviennent également à l'usage du pays, principalement les nuances vives que les Maures affectionnent.

Il est à remarquer que les draps envoyés de France gardent leur couleur jusqu'à la fin, tandis que celle des *londrins* et des *mahouts* d'Angleterre s'altère par l'usage. Les Français donnent en outre à leurs draps un apprêt qui les fait rechercher, et que n'ont pas les nôtres.

La consommation des draps à Tunis n'excède pas actuellement soixante balles par an. La proportion des qualités et couleurs continue à être la même.

Mousselines anglaises.

Une bonne partie des mousselines dont les Anglais expédiaient autrefois à Livourne d'immenses quantités, trouvent aujourd'hui leur débouché en Barbarie. En tems de paix, il s'y consomme annuellement au-delà de 200,000 pièces de mousseline.

La guerre avec Alger a porté un grand préjudice à cette branche de commerce dans l'état de Tunis, parce que les caravanes qui partaient tous les mois pour Constantine, en emportaient de grandes quantités. La consommation actuelle est réduite à moitié de l'ancienne.

Les mousselines dont le débit est le plus avantageux sur le marché de Tunis, sont celles du plus bas prix, telles que les *jaconnets* grossiers d'une yarde de large, les *lappets* communs rayés de blanc, de rouge ou de bleu, et les mouchoirs d'*herbe* de $\frac{14}{16}$ en carré. Les couleurs blanche, rouge et bleue mélangées sont les plus convenables; mais on ne laisse pas de vendre les fonds bleus.

Il n'y a pas long-tems encore que ces articles donnaient un bénéfice de cent à cent cinquante pour cent au-dessus du prix d'achat en Angleterre; mais aujourd'hui ce profit, quoique considérable encore, est réduit de beaucoup, à cause des fortes expéditions qui se font de Malte.

Les cotonnades de Manchester sont de peu de débit à Tunis: on n'y vend que quelques caisses de basin, un petit nombre de pièces de *Jean* ou drap de coton, et peut-être encore quelques caisses de guingan rayé jaune; mais il n'y a guère de spéculation à faire sur ces articles.

Toiles.

Jadis la consommation des toiles d'Irlande à Tunis s'élevait à cinquante caisses par an; présentement elle ne passe pas vingt caisses.

La toile d'Irlande, qui s'expédie à Tunis, doit être de l'espèce la plus grossière; il y a pour cela deux raisons : l'une, c'est que le marchand anglais est obligé de tirer sa licence d'Angleterre; l'autre, que le profit est plus assuré, car les Maures ne se connaissent nullement en toiles, et ne les paient pas volontiers au-dessus de 30 ou 35 piastres la pièce.

Il convient de ne pas composer chaque caisse de plus de quarante pièces de cette toile.

Il se débite aussi à Tunis d'assez grandes quantités de toile grossière d'Allemagne; mais c'est encore un article dont la consommation se trouve réduite à un tiers de moins qu'autrefois.

Aujourd'hui il peut se vendre à Tunis mille pièces de toile de l'espèce appelée *platille*, chacune de trente-huit ou quarante pics. Il faut que ces toiles soient d'une qualité commune, et que chaque boîte n'en contienne que cent pièces. Le prix varie de 26 à 35 piastres la pièce.

La toile, dite *créa*, qui est une autre sorte de toile d'Allemagne de 33 ½ pouces anglais de large, est d'un usage encore plus général que la précédente; la consommation en est estimée à huit mille pièces par an. Il convient également que les caisses ne soient que de cent pièces chacune, à raison de 45 pics par pièce; le prix va de 40 à 45 piastres.

Serges.

Les serges, dites *impériales*, sont d'un assez bon débit à Tunis, et la vente annuelle qui s'en fait peut être de 400 pièces. Il est bon de ne les expédier qu'en balles de 40 pièces, mesurant chacune 27 pics de long, et de 20 pièces de 38 pics. Chaque pièce doit être soigneusement pliée, d'abord en deux dans toute sa longueur, ensuite en sens contraire par carrés parfaits. Les couleurs doivent être assorties comme ci-après :

13 pièces de couleur écarlate.
13 *id.* . . . . . violette.
14 *id.* . . . . . bleu-de-ciel foncé.

Le prix actuel de la serge est de 34 piastres pour les pièces courtes, et de 45 pour les longues.

Droguets.

La consommation annuelle des droguets, à Tunis, est présentement de 400 pièces, chacune de 40 pics. Les balles doivent être assorties en couleurs de la manière suivante :

13 pièces de couleur écarlate.
13 *id.* . . . . . vert foncé.
7 *id.* . . . . . bleu-de-ciel foncé.
7 *id.* . . . . . violet foncé.

Les pièces doivent être pliées avec soin ; le prix de chacune, mesurant 40 pics, doit être de 32 piastres.

Dans l'envoi de cet article et du précédent, il peut convenir de placer quelques couleurs vives ; mais celles que j'ai désignées sont d'un débit assuré en tout tems.

Café.

Le café de la Martinique est à Tunis d'un usage plus général que celui d'Arabie, parce qu'il existe dans le pays une loi qui ne permet qu'aux seuls Turcs d'y vendre le café moka. La consommation annuelle du café d'Amérique à Tunis est d'environ 1500 quintaux, et le prix va de 85 à 90 piastres le quintal. Dans d'autres tems, les quantités consommées montent à trois fois davantage, parce que les Grecs et autres Levantins, qui apportent à Tunis des soies et autres articles de commerce, prennent en retour de fortes parties de café.

Il convient de diviser les envois par barils, à raison de trois ou quatre quintaux chacun. Par ce moyen, le débit se fait avec une extrême facilité, et le crédit s'abrège de beaucoup, si tant est qu'il faille en faire. Cette méthode a encore l'avantage de rendre plus facile le transport à l'intérieur, qui se fait entièrement à dos d'animaux.

Sucre.

La consommation du sucre à Tunis se monte aujourd'hui à 2000 quintaux par an (1). Dans les

―――――――――――――――――――

(1) Si la consommation du sucre n'est pas, proportion gardée, aussi forte que celle du café, c'est qu'en Barbarie l'usage du café sans sucre est commun à toutes les classes, et fort peu coûteux ; les riches seuls le prennent sucré. La tasse de café vaut tout au plus une carroube à Tunis, aussi en boit-on toute la journée ; il n'est ni Turc ni Maure qui n'en prenne aussi souvent que l'occasion s'en présente. Les Maures aiment aussi le thé et le chocolat ; mais ils ne veulent pas les payer. (*Note du Traducteur.*)

tems de prospérité, elle est trois fois plus considérable. Le sucre de la Havane est celui dont on fait le plus d'usage à Tunis; les caisses sont ordinairement de trois à quatre quintaux chacune.

Il se vend peu de sucre en pain de trois livres, et peut-être un dixième de celui de la Havane se débite en pains; ce dernier ne doit pas être emballé dans des quantités plus fortes que trois à quatre quintaux. Le prix du meilleur sucre brut est présentement de 60 à 65 piastres le quintal; celui du sucre en pain varie de 110 à 115 piastres. En tems de paix, le Levant tire de Tunis d'assez fortes quantités de cette denrée; les caravanes de Constantine emportent aussi des parties considérables de sucre et de café.

Epices.

Le débit des épices de toute espèce est assez borné à Tunis. Il s'y consomme annuellement 500 quintaux de poivre ou piment, 100 de clous de girofle, 30 de cannelle, et 20 de noix muscade.

Alun.

Les manufactures de Tunis emploient une grande quantité d'alun; maintenant la consommation annuelle est de mille quintaux. On préfère celui qui vient du Levant; mais l'alun de roche, et l'espèce qu'on appelle alun d'Angleterre, trouvent un sûr débit en quantités médiocres.

Vitriol.

Le vitriol est aussi d'un grand usage ; mais, malgré la quantité considérable qui s'en emploie, le prix en est si bas qu'il y a peu d'avantage à spéculer sur cet article. L'espèce de vitriol appelée couperose est la plus recherchée.

Etain.

Dans toutes les parties de l'empire ottoman, l'étain s'emploie généralement, tant pour l'alliage des monnaies que pour l'étamage de la vaisselle de cuivre. A Tunis, cependant, il s'en fait peu d'usage, et le débit annuel n'excède pas aujourd'hui 200 quintaux d'étain en barres, et 200 paires de caisses d'étain en feuille. Dans les tems même les plus favorables au commerce, la consommation de cet article ne s'élève pas au double ; circonstance qu'il faut attribuer à l'usage presque général de la vaisselle de terre, que les Maures préfèrent pour leur cuisine. Le prix actuel de l'étain en barre flotte entre 130 et 140 piastres le quintal ; celui de l'étain en feuille est d'environ 75 piastres par boîte, contenant 125 planches.

Plomb.

Tunis consomme par année 500 quintaux de plomb. Celui d'Angleterre est préféré à tout autre. Le prix actuel est d'environ 40 piastres le quintal.

La guerre supposant une consommation de ce métal plus forte que celle qui s'en fait en tems de paix, il est à présumer qu'il s'en vend actuellement à Tunis une plus grande quantité qu'à l'ordinaire.

Fer.

On apporte à Tunis environ 1500 quintaux de fer de Suède par an : le prix du quintal est de 20 à 22 piastres.

Soie.

La quantité de soie écrue qui s'importait à Tunis, en tems de paix, était de 200 balles, chacune d'un quintal pesant; elle est aujourd'hui réduite à 60 balles; mais cette diminution provient bien moins de celle de la consommation réelle que de la difficulté du transport. La plus grande partie des soies que recevait Tunis venait de la Morée et de l'Archipel. Le prix du *rottolo* est de neuf piastres.

La soie travaillée de diverses espèces s'envoyait de France et d'Italie jusqu'à concurrence de 200 caisses; aujourd'hui il n'en arrive guère qu'un quart de cette quantité; et si l'importation en était plus forte, il est douteux qu'on en pût trouver le débit. De fortes parties de cet article étaient autrefois achetées par les caravanes de Constantine.

L'espèce de soierie la plus recherchée est celle qu'on appelle *spina di Lucca*. Il se consomme aussi de grandes quantités de petits mouchoirs de soie de diverses couleurs vives et mélangées, qui viennent principalement de Marseille et de Barcelone. On estime particulièrement ceux auxquels on donne le nom italien de *fabbrica della Gorza* : ceux-ci sont marqués d'une tête de cheval.

Laines d'Espagne.

La laine d'Espagne était autrefois une des branches les plus étendues et les plus lucratives du commerce de Tunis. La consommation qui s'en faisait n'était pas moindre de 3000 balles, chacune de deux quintaux; elle est aujourd'hui réduite à 700 balles. Ainsi que je l'ai déjà dit, cette espèce de laine s'applique principalement à l'usage des manufactures de ces bonnets si renommés, sur la fabrication desquels j'ai donné plus haut des détails circonstanciés. On a pu voir par quelles raisons l'importation des laines a diminué.

La proportion dans laquelle la laine d'Espagne s'importe à Tunis est de deux tiers de la première qualité, et un tiers de la seconde, à laquelle on donne le nom italien de *fioretto*.

Le prix, ainsi que je l'ai dit, est fixé tous les ans par le Beï; il l'a été cette année à 500 piastres par quintal, à cause de la difficulté de se la procurer. Anciennement le prix variait de 350 à 400 piastres.

Vin.

On boit à Tunis environ mille pipes de vin par an, quantité qui paraîtra un peu forte pour un pays mahométan où il y a si peu de Chrétiens; mais il faut savoir que la plupart des Maures ne se font nul scrupule de boire du vin, quoique la loi leur en interdise l'usage.

Le vin de France est le plus en usage; il semble être plus convenable qu'aucun autre à ce climat, parce que les vins forts sont échauffans (1). On

---

(1) Il n'en est pas de même à Alger, où l'on ne peut trouver une bouteille de vin de France, à moins d'en

en apporte aussi de Sardaigne, d'Espagne et de Sicile; mais le vin de France est toujours préféré.

La loi mahométane devrait s'opposer à l'introduction du vin dans les pays qu'elle gouverne; mais la soif du gain est d'un effet plus puissant que celui de la religion : le Beï accorde sans difficulté le *tèskèrè* d'entrée pour le vin, en ne prenant d'autre tempérament que celui de le qualifier de vinaigre.

---

faire venir. Les taverniers n'y vendent aux habitans que les détestables vins de Catalogne et de Maïorque, qui sont, ainsi que ceux du pays, d'une force extrême, et, par cette raison, préférés. J'ai vu des Turcs dédaigner d'excellent vin de Bordeaux, parce que, disaient-ils, il n'était pas assez chaud, *et qu'il n'enivrait pas assez promptement.* Il est à remarquer ici que les Maures et les Turcs ne boivent que pour s'enivrer, et non pour goûter le plaisir innocent que procure une liqueur agréable : ils font usage du vin à peu près comme de l'opium. J'ai connu un Turc qui refusait constamment de boire à ma table; je crus m'apercevoir qu'il se faisait violence : je le pressai; il me répondit qu'il ne voulait pas manquer à sa loi pour quelques gorgées de vin, mais que si je voulais lui permettre d'en user sans contrainte, c'est-à-dire, de boire à perdre connaissance, il ferait taire ses scrupules religieux. Je ne fus pas tenté d'enlever à Mahomet ce fidèle sectateur.

(*Note du Traducteur.*)

Liqueurs spiritueuses.

La quantité de rum et d'eau-de-vie qui se consomme à Tunis est fort peu de chose. Je ne crois même pas qu'on y pût vendre au-delà de trois poinçons de rum, et du double d'eau-de-vie, dans le cours d'une année.

Poterie et faïence.

On a cru à tort que la Barbarie offrait un grand débouché pour cet article : dans tout l'état de Tunis, on ne trouverait pas à vendre plus de cinquante assortimens de poteries. Il doivent consister uniquement en assiettes rondes, dont un quart de creuses pour le potage ; le reste en assiettes ordinaires et à dessert, par portions égales ou à peu près.

La consommation de la vaisselle anglaise n'a lieu que chez les Chrétiens et un petit nombre de Maures de la classe supérieure. La généralité des habitans fait usage d'une poterie grossière fabriquée dans le pays, qui ne coûte presque rien, et qui, telle qu'elle est, tient lieu de toute autre.

Coutellerie.

Il se vendait autrefois à Tunis une grande

quantité de coutellerie sous le nom italien de *chincaglieria di Trieste*; il s'en consommait, dit-on, cent caisses par an; le nombre en est aujourd'hui réduit à vingt.

Cette espèce de coutellerie consiste en couteaux et fourchettes de la qualité la plus commune, et en canifs tels qu'on les fabrique en Angleterre pour l'usage du Levant, c'est-à-dire, avec des manches dorés.

Cochenille.

La consommation des matériaux propres à la teinture est considérable à Tunis. La cochenille, qui est la plus précieuse de toutes ces drogues, y trouve un emploi annuel d'environ 70 quintaux; on suppose qu'il s'en consomme vingt dans la totalité du territoire tunisien, et que les cinquante autres passent dans l'intérieur des terres par le moyen de la caravane de *Gdamsia*. Les Marocains en enlèvent aussi de fortes quantités. En tems de paix même, la consommation de la cochenille ne serait pas susceptible d'augmenter beaucoup, à moins que les manufactures de bonnets ne reprissent leur ancienne activité.

Le prix de la cochenille, première qualité, varie de 30 à 35 piastres le *rottolo*. On regarde aujourd'hui ce prix comme très-élevé. Avant la guerre, on l'a vu ne pas excéder 14 piastres; mais il faut observer que le prix de cette matière ne se règle que d'après sa qualité, qui est très-variable.

Gomme-laque.

La gomme-laque est d'un usage très-étendu à Tunis; la consommation en est évaluée maintenant à 500 quintaux par an. Dans les tems ordinaires, elle peut s'accroître d'un tiers environ.

Cette gomme sert à teindre les couvertures de lit et quelques parties de l'habillement des Maures et des Bédouins. L'usage de cette drogue ne s'étendant guère qu'à la consommation intérieure, la guerre a peu d'influence sur cette branche de commerce.

L'espèce la plus recherchée de gomme-laque est la noire, comme étant la plus exempte de terre ou autres corps étrangers. Le prix du quintal est d'environ 200 piastres; l'espèce rougeâtre ne se vend guère au-delà de moitié.

Vermillon.

Les baies de vermillon sont d'un grand usage dans la teinture des bonnets de Tunis; on en porte la consommation actuelle à environ 250 quintaux par an; en tems de paix elle est double. L'espèce qu'on préfère est celle qui vient d'Espagne. Elle passe pour être plus mondée, et pour donner une plus belle couleur qu'aucune autre. Cette qualité vaut présentement 9 piastres le *rottolo*. Le vermillon de Morée est le meilleur après celui d'Espagne ; la raison de son infériorité est le mélange des petites branches sèches qui l'empêchent de donner une couleur aussi vive ; le prix de cette espèce est de 7 piastres le *rottolo*. En tems de paix, la consommation de ces deux qualités de vermillon est beaucoup plus forte, et le prix bien moindre.

Indigo.

Tunis possède l'indigo, et la consommation de celui qui lui vient de l'étranger se réduit à fort peu de chose. L'indigo du pays est d'une espèce très-ordinaire, sans doute parce qu'on ne sait pas le préparer. Il y a toute apparence qu'il serait d'une qualité plus parfaite si l'on apportait une meilleure méthode à cette fabrication.

Bois de teinture.

La consommation de cet article est considérable à Tunis ; la principale consiste en bois de Pernambouc ; elle est à présent de mille quintaux par an ; le prix moyen actuel est de 110 piastres le quintal. En tems de paix, la consommation est de 1500 quintaux, et le prix ordinaire de 70 à 75 piastres.

POST SCRIPTUM

DU TRADUCTEUR.

LA fatale révolution du 20 mars, jointe à quelques circonstances particulières, a retardé la publication de cet ouvrage. Au moment où il allait être livré à l'impression, d'importans événemens ont eu lieu à Tunis. *Hamoúda-Pacha* était mort dans son lit, et son frère *Sidi-Osmàn* ou *Othmàn*, dont il est fait mention au chap. III de cette relation, venait de lui succéder, lorsque *Sidi-Mahmoud-Hassàn*, son cousin, que *Hamoúda-Pacha* avait eu l'adresse d'exclure du trône, a profité de l'incurie de *Sidi-Osmàn* pour ressaisir ses droits. Ce dernier, vieux et caduc, n'avait pas l'activité nécessaire pour pénétrer les desseins de son cousin, et a été victime de sa fausse sécurité : au mois de janvier de cette année, il a été assassiné par *Hassàn*, et celui-ci est aussitôt monté sur le trône qui lui appartenait par droit d'hérédité. Cette sanglante révolution a coûté la vie aux deux fils d'*Osmàn* qui avaient inutilement cherché à s'échapper, et il paraît qu'avec eux toute la branche usurpatrice est éteinte, car je ne crois pas qu'ils aient laissé d'enfans mâles.

Le nouveau ministre, ou *Saba-taba*, nommé *Youssouf-Khôdja*, a signalé son entrée en fonctions par le supplice de *Mariano-Stinca*, ce Napolitain que *Hamouda* employait comme secrétaire privé, et qui venait, depuis quelques jours seulement, d'embrasser la religion musulmane. *Youssouf-Khôdja* n'a pas tardé lui-même à payer de sa tête la tentative de faire périr son souverain pour s'emparer du trône, et il a été exécuté en présence même du nouveau *Beï*. Aujourd'hui tout est rentré dans l'ordre, jusqu'à ce que de nouvelles entreprises du même genre viennent encore troubler ce gouvernement orageux.

A peu près vers la même époque, *Ali-Pacha*, Deï d'Alger, a été massacré par la milice, fatiguée de son règne sanguinaire. L'histoire de ses cruautés et des outrages qu'il a impunément fait subir aux puissances de l'Europe, même à celles du premier ordre, formerait à elle seule un volume : des gouverneurs écorchés vifs ; des esclaves mis à mort pour avoir mal fait la cuisine, ou laissé un petit os dans une farce ; des Grecs pendus aux vergues des bâtimens qui leur avaient appartenu, pour avoir osé solliciter du Grand-Seigneur la liberté que les corsaires d'Alger leur avaient ravie ; de jeunes nègres précipités dans des puits pour avoir refusé de condescendre à d'infâmes sollicitations, etc., etc., etc. : tels étaient les passe-tems favoris d'*Ali-Pacha*, dont le règne, abstraction faite de sa fin, est peut-être le plus heureux dont les annales d'Alger fassent mention. Son successeur, dont le nom n'est pas venu jusqu'à moi, n'a régné que seize jours, et a été, comme lui, massacré dans son palais. Le Deï actuel se nomme *Baba-Omar*. Je crois me rappeler, sans cependant pouvoir l'affirmer, qu'il a été Agha de la milice ; mais ce que je sais positivement, c'est qu'il fut chargé, il y a huit ou dix ans, de soumettre un parti de rebelles dans la province de *Garb* (Ouest) ou de *Ouahrràn* (Oran), et qu'à la suite d'une victoire remportée sur ces insurgés, il se fit servir à dîner les entrailles de quelques-uns de ses malheureux prisonniers qu'il avait éventrés lui-même. Ce fait, connu de tout Alger, m'a été certifié par un esclave napolitain, cuisinier de ce général, et qui avait été obligé de lui préparer cet épouvantable festin. Tel est le chef que s'est donné la milice d'Alger, *lasse des cruautés d'Ali-Pacha*. Il importe à la morale publique que l'Europe ait enfin une idée juste des souverains avec lesquels les gouvernemens chrétiens traitent d'égal à égal, et auxquels ils députent des agens accrédités, chargés de leur porter des paroles de paix et des assurances d'*amitié*. Heureusement les cabinets européens n'en sont pas toujours quittes pour ces protestations avilissantes, et subissent, de tems à autre, des mortifications qu'à la vérité ils digèrent en silence, mais qui, par cela même, se multiplient chaque jour de manière à ne pouvoir plus être tolérées. Je dis *heureusement*, car les choses en sont au point de mériter une attention sérieuse, et d'exiger qu'il soit promptement mis un terme à des déprédations, à des iniquités, à des outrages que l'appareil de la force peut seul réprimer désormais. Je pourrai quelque jour publier mon opinion à ce sujet.

J'aurais pu, tandis qu'il en était encore tems, faire disparaître la note que j'ai ajoutée à la page 81, et où je rends à l'ex-roi de Naples la justice qui lui est due. Beaucoup d'écrivains, qui voudraient bien pouvoir effacer le jour ce qu'ils ont publié la veille, n'auraient pas manqué de supprimer une apologie qui n'est plus de saison; mais ce qui était vrai il y a six mois, n'a pas cessé de l'être aujourd'hui, et je ne suis pas tenté d'imiter l'exemple de gens qui, par calcul, plus souvent encore que par un zèle sincère, affectent de ne voir que des vertus assises sur un trône occupé par le possesseur légitime, et des crimes partout où règne un pouvoir usurpé. J'ai trouvé quelque chose à louer dans la conduite du ci-devant roi Joachim, et, sans autre intérêt que celui de la vérité, sans examiner quels étaient ses droits à la couronne qu'il a portée, j'ai cru devoir le venger d'une assertion fausse et calomnieuse. Il y a peut-être plus de courage qu'on ne pense à faire ainsi profession d'impartialité; mais la plus belle des causes n'est pas celle de la légitimité, puisque la vérité et la justice ont droit à nos premiers hommages.

FIN.

AIR MAURESQUE

Andante con expressione.

www.ingramcontent.com/pod-product-compliance
Lightning Source LLC
Chambersburg PA
CBHW051920160426
43198CB00012B/1976